# 打赢增长战

## 企业第一增长法

黄强 ◎ 著

中信出版集团｜北京

## 图书在版编目（CIP）数据

打赢增长战：企业第一增长法 / 黄强著. -- 北京：中信出版社，2023.4（2024.7重印）
ISBN 978-7-5217-5557-2

Ⅰ. ①打… Ⅱ. ①黄… Ⅲ. ①企业经营管理－研究 Ⅳ. ①F272.3

中国国家版本馆CIP数据核字(2023)第054213号

打赢增长战：企业第一增长法

著者：黄 强
出版发行：中信出版集团股份有限公司
（北京市朝阳区东三环北路27号嘉铭中心 邮编 100020）
承印者：北京通州皇家印刷厂

开本：880mm×1230mm 1/32　　印张：7.25　　字数：157千字
版次：2023年4月第1版　　印次：2024年7月第4次印刷
书号：ISBN 978-7-5217-5557-2
定价：59.00元

版权所有·侵权必究
如有印刷、装订问题，本公司负责调换。
服务热线：400-600-8099
投稿邮箱：author@citicpub.com

# 推荐序

## 迈向第一的增长

增长是企业永恒的挑战。我相信没有一位企业经营者会质疑增长的重要性。万物生长是自然规律。一棵树如果不生长,那么最终会死亡。企业也是如此,不进则退,不长则衰。企业不增长也会"死亡"。

企业增长在今天是一件很难的事情,难在抓住机会,难在把握住趋势,难在提升企业经营者的认知,也难在找到方法。企业增长越难,我们越要透过现象看到增长的本质,找到增长的第一性原理。

什么是增长的本质?

答案是迈向第一的增长。市场经济的竞争法则是优胜劣汰,强者恒强,这意味着企业不进则退,要么被淘汰,要么迎难而上。

企业只有迈向第一，才能在这种大环境下超越同行，赢得更好的发展机会。

什么是迈向第一的增长？

迈向第一的增长是指企业经营者要用成为世界第一或拿金牌的思维、信念和标准来经营企业，要选择迈向第一的战略目标、要让产品成为用户的第一选择、要选择第一用户、要打造一流战斗团队。当战略选择、产品、用户和团队都成为第一后，企业自然而然就会实现可持续增长。

成为第一就是企业战略，要成为一家伟大的企业就要制定"第一"的目标。企业只有以终为始，才能够有战略定力，坚守长期主义，不被风口所左右。

"第一"是指企业要提供品质第一的产品，在产品上要做到极度聚焦，让自己不可替代；"第一"是指企业要打造用户首选的产品或服务，随着市场供大于求这一情况的加剧，竞争加剧，用户很难记住第一以外的其他产品，这意味着一块金牌胜过十块银牌，只有生产第一产品与服务的企业和品牌，才能成为用户心中的首选；"第一"是指企业要有第一的人才，形成第一的组织，因为优秀的人才必然选择那些目标远大、有使命驱动力的企业。

如何立志成为第一，迈向第一？

首先，我们需要想清楚做哪一件事能成为世界第一，而后专注地做这件事，并不达目的决不罢休。其次，"立志"意味着我们要摆脱"小我"，拥有使命感和社会责任感。然后，我们要向世界第一看齐，以终为始，把产品聚焦、聚焦、再聚焦，提供第一产品，做到不可替代。最后，我们要立足当下，组建第一的团队、第一的人才队伍、第一的管理体系，最后形成第一的能力、第一的信念。

我和黄强老师搭档多年，他一直活跃在业务和教学一线，致力于研究和践行企业的高效增长之道。《打赢增长战：企业第一增长法》不是黄强老师写出来的，而是"打"出来的。黄强老师从基层业务一线成长到集团营销与教学的副总裁，关键在于他把书中的增长理论应用到自家企业的增长中，也在服务成千上万家企业的过程中使其得到了验证。因此，我对这本书充满了期待。

在百年未有之大变局下，企业面临空前的复杂性和不确定性。黄强老师提出的第一增长法有极强的穿透力和指导性，是直击增长本质的"锋利之作"。这本书从战略选择、产品、用户、团队四个维度，总结出企业如何不断增长、成为第一的具有实操性的路径和系统性的方法论，是新增长时代的路线图和导航仪。

增长意味着员工的幸福，因为员工需要工作、需要好的收益；增长意味着企业给用户创造美好生活；增长意味着企业造福社会、造福人类；增长也意味着企业帮助实现中华民族伟大复兴。

企业必须增长，这是每一位企业经营者的责任，也是每一位企业经营者的使命。

李践

行动教育集团董事长兼 CEO

写于 2023 年的春天

# 目　录

**序言　打赢不确定性时代的增长战　001**

增长有"四难"　001

增长是"两底"　006

迈向第一的增长　009

第一增长法　015

时代呼唤的产物　017

## 第一章
**迈向第一的战略选择　021**

战略意图：成为谁　023

战略意义：为了谁　039

## 第二章
**产品成为用户的第一选择　053**

加法：增值提价　056

减法：舍九取一　065

乘法：销量倍增　078

除法：摒弃急功近利　　　　　　　　　　　　　　　　　　087

## 第三章
## 选择第一用户　　　　　　　　　　　　　　　　　　　　**093**

第一用户画像公式：谁是你的第一用户　　　　　　　　　098

第一用户分类：谁是你最关键的 1% 用户　　　　　　　 110

大客户开发：如何"钓"到大客户　　　　　　　　　　　121

第一用户服务：如何服务好第一用户　　　　　　　　　145

## 第四章
## 打造一流战斗团队　　　　　　　　　　　　　　　　　**159**

选军：选出"好种子"　　　　　　　　　　　　　　　　162

强军：育出"好苗子"　　　　　　　　　　　　　　　　176

赛军：营造"好场子"　　　　　　　　　　　　　　　　191

荣军：奖励"好尖子"　　　　　　　　　　　　　　　　207

# 序言　打赢不确定性时代的增长战

## 增长有"四难"

增长越来越重要，因为企业增长越来越难。当置身于百年未有之大变局的关键拐点时，我们对很多东西看不清、看不懂，这时我们需要停下来，回归到企业增长的本质这一点上思考企业的增长问题。

2022年第一季度，上海因为新冠肺炎疫情静默了两个多月。在新冠肺炎疫情常态化之下，我亲眼见证了全国各行各业面临的巨大压力和挑战，切身感受到企业经营者的不易。有的企业经营者调侃道："难就一个字，我只说一次，一次说三年。"

找到问题的根源，才能从根源上解决问题。大家都说增长难，企业增长到底难在哪里？

企业增长有"四难"——"找不到""卖不出""进不来""打不赢"。

## 难在找不到新的利润增长点

人口红利的消失，使得各行各业进入存量博弈阶段。每个行业都处于高度竞争的状态，市场已经没有了所谓的蓝海。即便企业在刚开始时进入的是一个蓝海市场，或许会尝到一点甜头，但随着越来越多竞争者的加入，特别是头部企业的加入，行业会重新回到拥挤的红海市场。

2022年8月，华为内部论坛上线了一篇题为《整个公司的经营方针要从追求规模转向追求利润和现金流》的文章，任正非在文中强调："未来10年应该是一个非常痛苦的时期……把活下来作为最主要的纲领，全线收缩和关闭边缘业务，把寒气传给每个人……"

不只是华为，很多企业为了应对这些问题，一直在努力谋求跨行业、跨领域的多元化发展，希望以此实现企业增长，但结果往往是"赔了夫人又折兵"。企业的利润仍然在大幅下降，企业找不到新的利润增长点。于是，越来越多的企业陷入增收不增利的困局，亏损的企业比比皆是。这也意味着，企业已经告别过去的野蛮生长阶段，进入考验企业韧性和内功的阶段。

## 难在产品卖不出去

当一个行业的竞争进入白热化阶段时，产品会严重过剩，卖不出去。为此，企业打价格战，进行低价竞争，这似乎成了一种宿命。比如，前几年不少企业兴致勃勃地发动"双11大战"，尽管有的企业取得了不错的销售业绩，但实际上真正能够在"双11大战"中赢利的企业并不多，因为"双11大战"的本质是通过打折、低价、促销等方式吸引用户，是典型的价格战思维。

对于大多数企业来说，以价换量、薄利多销等方式的确能在短时间内提升产品销量，但"杀敌一千，自损八百"的做法可能会导致整个行业陷入低盈利甚至不盈利的泥潭。企业可能会通过降低成本、牺牲用户体验等方式来改变利润骤跌的局面，这时用户对产品的认可度不断被拉低，最终的结果是量价齐跌，企业亏损。

### 难在用户进不来

用户进不来是指企业的用户增长有三"贵"和三"难"。

企业用户增长的三"贵"是指流量费贵、转化费贵、单个用户成本贵。

互联网开发技术的成熟，使得设计开发一款应用程序的成本越来越低。大量的产品和企业信息涌到用户面前，用户面临的选择极其丰富，使得企业的流量成本、获客成本和转化成本节节攀升，企业单个获客成本为10元到30元的时代早已过去。根据亿欧智库统计，以"获客成本＝营销费用支出÷新增活跃用户数"来计算，2021年企业单个获客成本达477元，相比2020年提升一倍以上。面对如此高昂的获客成本，大型企业可以通过投入大量经费做品牌营销和产品推广来解决用户增长的问题。但大多数中小企业就没有那么幸运了，本就捉襟见肘的它们在不确定的市场环境下，不敢增加预算去做任何推广或营销，结果就陷入了一个死循环——越不投入，越没有用户。再加上传统的坐等老用户转介绍的方式根本无法对付竞争对手，所以很多中小企业经营难、增长难。

企业用户增长的"三难"是指获客难、转化难、留存难。

近几年各行各业内心里有一个共同的感叹就是获客难。对于企业来说，获客并不单单是获得用户，企业还需要在获客成本、用户的转化效果以及留存的数量等方面下功夫，这也是获客的几大难点。一家企业花了近百万的流量费做直播和短视频来获客，结果转化率不到2%。用户池就像是一个蓄水池，一口进水，一口出水。要想让蓄水池里的水变得更多，一方面要让进水口更大，进水更多；另一方面要减少出水量。这就是开源节流。只有进水量大于出水量，即新增的用户多于流失的用户时，蓄水池里的水才能实现正向增长。

### 难在团队打不赢

对于现在的企业来说，打造一支能持续打胜仗的团队很难：企业招不到强将和精兵，无人能打仗；企业经营者洞察到了市场机会，却发现无人可用，只能眼睁睁地看着市场机会溜走；团队的能力已经跟不上时代的节奏，团队在业务开发或交付产品时处处捅娄子，企业经营者每天都在收拾烂摊子；团队人心涣散、毫无战斗力；企业文化成了墙上的标语，员工一点也不买账……

我在给企业做辅导时，经常听到企业经营者抱怨："现在的员工太难管了。"企业中"95后"和"00后"员工的占比越来越高，这些员工的自主意识非常强，且面前的工作选择众多，使得他们换工作的频率高，因此企业以常规手段去管理他们，往往达不到预期效果，甚至出现反作用。在此情况下，企业没有强有力的团队能打赢增长战。

以上是我总结出的如今企业在增长上面临的"四难"。除了时代的不确定性，很多企业经营者把企业增长难的原因归结为新冠肺炎疫情。对于这一点，我是不认同的。在危机面前，有不少企业逆势而上。华为2021年的财报数据显示，华为2021年营业收入为6 368亿元，利润增至1 137亿元，同比增长75.9%；京东2021年的财报数据显示，京东2021年净收入为9 516亿元，同比增长27.6%；伊利2021年的财报数据显示，伊利2021年营业收入为1 105.95亿元，营收增长绝对值超过137亿元。

由此可见，企业增长难的"锅"不能全甩给新冠肺炎疫情，危机绝不是压倒企业增长的最后一根稻草。没有哪家企业能在几年乃至几十年的经营过程中一帆风顺，从不面临危机。相反，大部分企业在经营过程中会一次又一次地面临危机，甚至同时面临多个危机。只有不断地应对危机，并化危机为转机，企业才能生存下去。

企业要打赢不确定性时代的增长战，很难。但企业不得不打，不仅要打，还要打赢。企业要打赢这场增长战，需要解决以下三个问题。

- 问题一：企业为什么一定要增长？
- 问题二：企业应该追求什么样的增长？
- 问题三：企业如何实现增长？

## 增长是"两底"

"增长"是一个老生常谈的词，犹如人要吃饭一样，企业就一定要追求增长。但作为企业经营者，我们要深度思考"企业为什么要增长"。这个问题延伸出的是"企业不增长不行吗""企业微增长或是有增有减不行吗"。

为了降低思考的难度，我把企业一定要增长的原因归纳为"两底"。

### 增长是企业的底线

第一个"底"是底线。增长不是企业的目标，而是企业生存的底线。没有增长或者长期没有增长，会让企业连活下去都很难，更别谈发展了。"增长，还是死亡"已经成为关乎一家企业是否能够存续而必须做出的一个非此即彼的选择。

万物生长是自然规律。一棵树如果没有生长，就会面临死亡。企业增长也是同样的道理。为什么这么说呢？我们可以从两个维度来分析。

第一个维度是企业外部环境。企业通常会面对两种外部环境：一是市场需求快速增长，二是市场需求相对饱和。当市场需求快速增长时，如果企业不增长或微增长，那么市场份额很快会被其他企业抢占，最终企业会陷入四面楚歌的境地。因此，企业想把握机会，就必须增长。当市场需求相对饱和时，企业如果不增长或微增长，那么很快就失去竞争力，因为竞争对手在成长、进步，在研发新产品、学习新技术。因此，企业想维持相对稳定，就必须增长。

第二个维度是企业内部环境。在企业内部，每个员工都是有欲望的，都想挣越来越多的钱、有越来越大的发展空间。企业不增长或微增长，如何能满足员工不断增长的欲望？企业如果满足不了，又怎么能激励、留住优秀的员工，特别是那些雄心勃勃的精英？如果留不住优秀的员工，企业又如何能持续发展？因此，企业想持续发展，就必须增长。

对任何一家企业而言，无论是为了活下去，还是为了活得更好、活得更久，没有增长的企业都将被瞬息万变的市场浪潮无情吞没。在风高浪急的市场环境下，企业仅仅依靠维持现状来获得发展会异常艰难。越是处于艰难的时期，企业越要振奋信心，守住增长这条底线。

## 增长是企业的底盘

第二个"底"是底盘。在不确定性时代，企业光守住底线是不行的，还要构筑增长的底盘。为什么这样说呢？

一是增长是吸引人才、留住人才的核心。"良禽择木而栖"，企业能够吸引、留住和培育人才的前提是企业不断增长，让人才有更大的发展空间和更多的成长机会，使得人尽其才、才尽其用。企业处于快速增长阶段，会对各级管理者、关键岗位员工提出更高的工作要求，要求他们拥有更高的工作效率、更优的工作质量，以及更快的学习与成长速度。

二是增长是企业创新型变革的基础。没有增长，企业就没有资金进行创新型变革。企业的创新型变革往往耗资巨大。无论是技术创新、管理创新还是模式创新，都要投入大量人力、物力、财力。那么，企业不进行创新型变革，可以吗？当然不可以。这有两个原因：首先，企业不进行创新型变革，而其竞争对手在进行创新型变革，企业就会逐渐被竞争对手赶超，最终被淘汰；其次，创新型变革成功后会带来高回报，企业会实现高增长，最终形成"高投入—高增长—高投入—高增长"的良性循环。

三是增长是打造企业文化的基石。没有增长，企业就没有打造企业文化的条件。企业文化对于企业发展的重要性不言而喻，员工接受、认同并相信企业文化，都需要企业增长。如果企业一直处于不增长或微增长的状态，那么员工将对企业失去信心。而企业如果一直处于增长的状态，不仅能为员工带来物质奖励，还会带来精神激励。比如，企业不断增长能极大地鼓舞员工的士气，使员工对自己和企业的未来发展充满信心，从而产生荣誉感、归属感。

除此之外，增长还是企业实现社会价值的前提。企业不增长，就无法为社会培育人才、促进行业技术创新，也就不能为社会创造价值。海尔集团创始人张瑞敏说："一家企业如果没有为社会贡献价值，这样的企业就不应该存在。"

综上，增长是企业的底盘，企业要用增长来兜住一切发展需求。

现在我来回答第一个问题：企业为什么要增长？

增长是企业的底线和底盘，是解决企业一切问题的根本条件。企业既要守住增长的底线，也要构筑增长的底盘。

## 迈向第一的增长

企业既然没有选择，那就增长吧！但接下来的问题是：企业应该追求什么样的增长？在今天所有人都在谈增长的时代，什么是真正的增长？什么是好的增长？什么是企业经营者需要的增长？企业经营者急切地想获得这些问题的答案，却会不知不觉地走入增长的误区。

### 增长的三大误区

在课堂上，当我问前来学习的诸多企业经营者和管理者"企业要实现什么样的增长"时，有的企业经营者回答："要实现利润增长"；有的企业经营者说："要实现爆炸式增长"；有的企业经营者说："要实现用户数量增长"……这些关于增长的理念在导向上就是错误的。

### 追求利润增长

追求增长的最大误区就是企业经营者只追求利润增长,这会使企业把关注点放在企业内部,离用户越来越远。企业追求利润增长,本身是没有错的,因为没有利润,企业就无法存活。但如果企业只追求利润增长,那么企业经营者和管理者很容易犯利润至上主义的错误,为了利润不择手段,唯利是图。即使企业经营者不是唯利是图的人,只追求利润增长,也会让企业经营者的眼界变窄,陷入一种思维定式,即认为只要按照老路子扩大规模,企业就能持续增长,不再思考是否还需要新的创意、新的方向、新的用户群、新的市场、新的渠道、新的科技。企业经营者不敢再做出尝试,对用户的反馈和需求视而不见,恐惧风险,渐渐地养成了固定思维,而不是成长思维。这时增长也就成了伪命题。利润增长是"果",不是"因"。

### 追求爆炸式增长

在我的课堂上,每当问企业经营者要追求什么样的增长时,我得到最多的答案就是"爆炸式增长"。瞧,这就是人性的贪婪,没有人愿意慢慢变富。为了获得爆炸式增长,To C(面向消费者)型企业开始不停地做产品投放、直播、私域社群等,To B(面向企业)型企业不停地做市场营销、挖用户需求、降低成本等。总而言之,企业经营者千方百计地让业绩"一夜暴增"。他们一旦看到竞争对手增长了20%,就想让自家企业立刻增长40%。

如此一来,企业经营者因为增长而焦虑不堪。我们要明白,企业发展遵循抛物线原理,即企业一旦在某一个阶段实现爆炸式增长,接下来必然走向下滑。正如欧洲管理思想大师查尔斯·汉迪在《成长第二曲线:跨越S型曲线持续成长》一书中提到的那样:"一家企业不能永远指数级增长,它会因为变得太大而无法展开有效的管理。"

**追求用户数量的增长**

很多企业经营者认为,只有用户数量增长了,企业的业务量才会增长,从而带来利润的增长。一味地追求用户数量增长,迷恋"增长虚荣指标",比如"1小时裂变10 000个客户",会导致企业无法将精力聚焦在用户维护和留存上。如果企业吸引了很多用户,但这些用户都不是企业的第一用户,那么这种用户增长是无效的,因为这些用户不会购买或不会持续地购买企业产品。无效增长不仅增加了企业的服务成本,还不能为企业带来收益。

以上三个错误的增长理念是企业经营者要摒弃的。只有丢掉错的,才能遇见对的。所谓"正本清源",就是如果企业的增长理念一开始就出错了,那么企业虽然可能会在短期内获得些许发展或取得一定的业绩,甚至在行业内崭露头角,但要实现长期、可持续发展,基本是不可能的。这个逻辑犹如一个人想要身体健康,但却选择吃增肌食品。这是违背人的科学发展规律的,虽然在短期内可能会显现出一点效果,但长期下去会适得其反。

所以,如果企业没有科学的增长理念,不清楚到底要追求什么样的增长,就可能会拉垮整个企业,透支团队、市场和用户。一个科学、健康的增长理念对于企业增长是非常关键的。那么,企业到底应该追求什么样的增长?换句话说,什么样的增长理念对企业来说才是正确的?

## 追求迈向第一的增长

对于这个问题,很多企业经营者会回答:"企业应该追求的是可持续增长。"的确如此,企业要从原来的野蛮增长、短期高增长转变为稳健的可持续增长。可持续性是检验企业增长是否科学、健康的一个重要指标。

与增长一样,"可持续"三个字在企业界也快被说烂了,因此对于真正想解决企业增长问题的企业经营者来说,如果我仅告诉他们"要实现企业的可持续增长",那么他们可能掉头就走,因为可持续增长并不能帮助他们解决实际问题。

本书倡导的是企业应该追求迈向第一的增长。什么是迈向第一的增长?

《孙子兵法》云:"求其上,得其中;求其中,得其下;求其下,必败。"这句话的意思是:追求上等的,可以得到中等的;追求中等的,只能得到下等的;追求下等的,一定会失败。这句话对企业增长的启示在于,企业只有追求高标准、高目标的增长,才能取得可持续的增长成果。"第一"是指企业经营者的一种增长思维。追求迈向第一的增长具体是指,企业经营者要用成为世界第一或拿金牌的思维、信念和标准来经营企业,要选择迈向第一的战略目标、要让产品成为用户的第一选择、要选择第一用户、要打造一流战斗团队……当在战略选择、产品、用户和团队方面都成为"第一"后，企业自然而然就会实现可持续增长。

企业为什么要追求迈向第一的增长？这主要源于"两符"。

**符合商业竞争法则**

商业竞争法则是优胜劣汰，企业不进则退，要么被后来者赶超或淘汰，要么迎难而上。商业竞争就像运动会，每一位企业经营者都是运动会上的运动员。竞争的结局如何，取决于谁能在这个专业领域拿到金牌。当以终为始地看待经营企业这件事时，我们会发现商业竞争的终点就是第一。无论我们选择做什么样的产品或服务，我们都要成为某一个专业领域的第一，拿到金牌。因为用户很难记住第一以外的其他产品，所以只有成为第一的企业和品牌，才能成为用户心中的首选。

**符合时代要求**

在不确定性时代的背景下，企业面临不同程度的挑战，这个时候更需要坚定信心，迎难而上。追求迈向第一的增长，能让企业以终为始，形成强大的战略定力，从而坚守长期主义，不被诱惑、风口所左右。迈向第一，是不确定性时代企业增长的底牌。

无论企业规模多大，无论企业处于哪个发展阶段，都绕不开"第一"这一永恒的目标。企业经营者在摆脱追求利润增长、追求爆炸式增长、追求用户数量增长等浮于表面的增长理念之后，才会发现企业真正的可持续增长是依托于企业追求迈向第一的增长。

## 迈向第一增长的"三不"

在我的课堂上，每当我分享到这里时，会出现三个问题，我把它们总结为"三不"："不敢""不够""不会"。

一是企业经营者不敢设定"第一"的目标。他们没有成为第一的企图心，没有成为第一的强烈信念，给出的理由是没有钱、没有人、没有资源。试问，世界上哪一家企业不是从"三无"（没钱、没人、没资源）做起来的？任正非创立华为时难道不是处于"三无"的境地吗？王兴创立美团时难道不是处于"三无"的境地吗？真正的问题不是企业经营者没钱、没人、没资源，而是他们目光短浅，并且自找借口来掩盖他们的短浅。企业经营者真正缺的不是人，也不是资源，而是胸怀和格局，缺的是成为第一的企图心。

二是企业经营者制定的标准不够高，没有用世界第一的标准来要求自己。有的企业经营者有了第一思维，却没有用第一的标准来选择战略目标、做产品、服务用户、打造团队。他们在迈向第一的过程中，把标准降低了。比如，有的企业经营者在选择战略目标时，犹如爬楼梯，所选择的目标是先成为市里第一，再成为省内第一，再成为中国第一，最后成为行业第一、世界第一。试问，麻雀如何能变成雄鹰？战略是以终为始的，世界第一是终点，终点就是起点，起点就是终点。

三是企业经营者不会迈向第一的方法。企业如何选择迈向第一的战略目标？如何让产品成为用户的第一选择？如何选择第一用户？如何打造一流战斗团队？这些都需要方法。我们仰望星空，立志要成为世界第一，可现实非常残酷，我们很小、很弱，如果我们没有好的方法来克服现实的挑战，那么再好的理念也无法落地。

如何解决迈向第一增长的"三不"呢？答案是第一增长法。

## 第一增长法

通过思考为什么要增长和追求什么样的增长，企业经营者重塑了对增长的认知，拥有了迈向第一的增长理念。只有打破惯性思维才会取得突破，因此企业经营者要重构迈向第一增长的能力或找寻新方法。

下面，我将分享迈向第一增长的四种方法，这四种方法分别解决了企业增长的"四难"，我称之为第一增长法，如图0-1所示。第一增长法是企业打赢不确定性时代增长战的落地战术。

01 迈向第一的战略选择 — 战略选择 "两定" — 一定：战略意图——成为谁
二定：战略意义——为了谁

02 产品成为用户的第一选择 — "加减乘除法" — 加法：增值提价
减法：舍九取一
乘法：销量倍增
除法：摒弃急功近利

03 选择第一用户 — "第一用户选择四象限" — 第一用户画像公式：谁是你的第一用户
第一用户分类：谁是你最关键的1%用户
大客户开发：如何"钓"到大客户
第一用户服务：如何服务好第一用户

04 打造一流战斗团队 — "一流战斗团队打造四部曲" — 选军：选出"好种子"
强军：育出"好苗子"
赛军：营造"好场子"
荣军：奖励"好尖子"

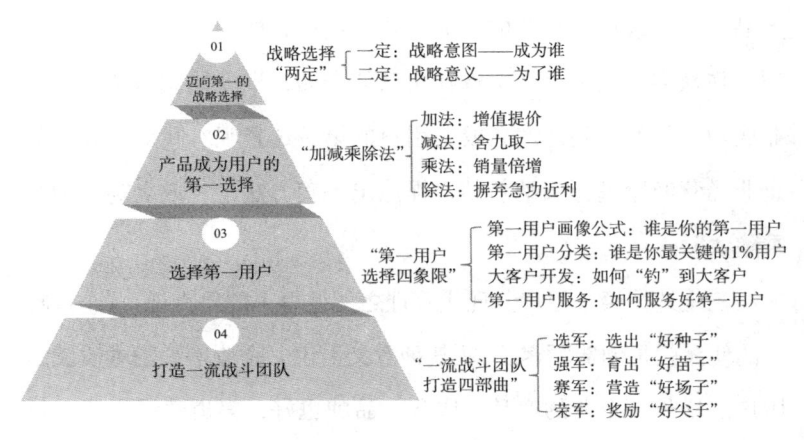

图0-1 第一增长法

我会在后面的章节具体阐述第一增长法，在这里浅透一下整个方法论的逻辑和重点。第一增长法分为以下四个部分。

一是迈向第一的战略选择。企业如果没有战略或制定了一个坏战略，就会成为别人战略的一部分，团队也如同一盘散沙，组织成员各行其是，内耗不断，企业的能量在这种情况下被消耗殆尽。企业的天花板，其实就是战略的天花板。一个能打破增长天花板的好战略是：企业经营者要选择成为雄鹰，选择成为第一。企业经营者要做难而正确的事，立志成为第一，才能迈向第一。企业经营者要做出迈向第一的战略选择，要确定两样东西，我称之为战略选择的"两定"：一定是战略意图——成为谁；二定是战略意义——为了谁。

二是产品成为用户的第一选择。商业竞争的本质不是渠道竞争，也不是营销竞争，而是用户选择的竞争。用户会选择企业的产品，会持续选择企业的产品，是企业增长的本质之一。谁能让用户在众多产品中第一个选择自己的产品，谁就能获得增长和商业成功。如何做到让产品成为用户的第一选择呢？我对十几年的企业经营经验进行归纳总结，提炼出一套方法论，取名为"加减乘除法"。

三是选择第一用户。现代管理之父彼得·德鲁克说："企业唯一的使命就是创造顾客。"从某种意义上说，企业增长的本质就是用户的增长。企业的产品、服务、品牌也好，渠道建设也罢，目的都是创造更多的用户。用户增长的策略重点落在"选择"二字，即企业要选择第一用户。老子在《道德经》中说"知止不殆"，其意思是知道适可而止的人，就不会遇到危险。企业懂得选择用户、拒绝用户，以终为始，是一种大智慧。企业要实现迈向第一的增长，就要选择第一用户。谁才是企业的第一用户？企业用什么样的标准选择第一用户？企业可以从"第一用户选择四象限"出发，来选择第一用户。

四是打造一流战斗团队。战略制胜，团队决胜。企业拼到最后，往往拼的是团队。谁的团队更强，谁带的队伍能打硬仗、打胜仗，谁就能获得商业成功。当所有企业都有团队时，我们要把团队升级为一流战斗团队。那么，企业如何打造出一支能打胜仗的一流战斗团队呢？为了找到打造一流战斗团队的有效方法，我研究了最厉害的一流战斗团队，也研究了企业界经常打胜仗的华为、京东等标杆企业，了解其背后的方法论，复制它们打胜仗的模式，并将其投入企业实践，通过持续改进和迭代，最终得出"一流战斗团队打造四部曲"。

第一增长法的四个部分并不是完全固定的，企业可以交替使用，也可以先试用，然后根据试用效果决定是否采用。

## 时代呼唤的产物

到此为止，我们已经解决了企业增长的"四难"问题。接下来，我想说点感性的话。

在我写本书的日日夜夜里，我常常会被一种难以言表的情绪所淹没，我既兴奋于诸多企业经营者能通过本书找到增长之法，奔向自己的星辰大海，又害怕企业经营者或管理者错过本书，因为在不确定性时代，错过一个能使企业增长的方法，就等于把机会拱手相让。

## 为什么会有本书

我进入管理教育行业15年，从最基层的业务员干起，6个月后成为团队总监，不到两年成为省级分公司总经理，再逐步成为集团总部事业部总经理，现在我是负责集团营销和教学的副总裁，分管全国30家分公司，推动企业业务连续增长，创造多项现象级增长的纪录，助力所在企业成为管理教育行业第一家主板上市公司。做自己所讲，讲自己所做。《打赢增长战：企业第一增长法》一书是我耗费15年总结出来的企业增长规律，是许多增长理论知识和实践经验所沉淀出来的结果。

中国民营企业，从国内到国外，已经在激烈的红海市场上走出了属于自己的持续增长之路。而有关这一切，市面上流传着各种版本的解说，令人晕头转向。大多数人是站在某一个维度解释这一现象的，少有人真正站在时代、战略、产品、用户和团队的视角进行深度阐述。所以，本书是时代呼唤的产物。通篇回答了中国企业当下最关心的问题：企业如何才能实现可持续增长？

## 本书的风格与特色

当企业增长越来越难时，增长受到越来越多的企业的重视。但我发现其中存在一个很大的问题：很多企业经营者读了很多书、听了很多道理,却依然无法改变现状。我认为出现这个问题可能有以下两个原因。

**企业经营者没有形成系统化的增长思维和方法论**

企业增长是一个涉及战略选择、产品、用户、团队,乃至外部环境、竞争对手等的复杂体系,因此企业要想实现增长,需要系统化的思维和方法论。

《打赢增长战:企业第一增长法》不仅涉及增长理念和思维,还有体系化的落地方法论。本书理论与实践并重,可操作性强。我在写作时力求做到深入浅出,既有理论高度,又能让读者看完本书后就能将其直接应用到自家企业中。为了让书中的方法论能够更广泛地运用在更多的行业中,本书除了涉及一些我实操过的案例,还用了更大的篇幅对业内其他企业的增长案例进行分析。其中,案例分为成功和失败两类,以求真正做到理论与实践相结合,而且让读者"看了能懂,拿来能用"。

**企业经营者完全照搬别人的理论和案例**

"有增长模板吗?我直接套用即可。"有的企业经营者在学习时,总是期望套用"万能增长公式",使得企业增长能一蹴而就并不停地增长下去,这是典型的偷懒思维。学来学去,结果企业还是无法实现增长,究其原因是企业经营者在学习时缺乏思考,没有思考所处的阶段、行业属性、目前外部的竞争环境等因素,而这些因素决定了不同的企业增长可能会匹配不同的做法。因此,企业经营者在学习第一增长法时,要边思考边学习,并在实践书中的四大方法时进行调整和迭代。要知道,第一增长法也是经过无数次实践、迭代、创新，最后沉淀下来的。

企业经营者在阅读《打赢增长战：企业第一增长法》时，能通过那些优秀企业的案例和总结出来的方法，找出一条适合自家企业的独一无二的增长道路。如果你暂时不能通过本书获得如此巨大的改变，那么我希望你能从本书的只言片语中获得些许启发，然后将其运用到企业经营中。如此一来，本书才有价值。

最后，有一句必不可少的话我要写在这里，即《反脆弱》一书开篇的一句话："风会熄灭蜡烛，却也能使火越烧越旺。"身处不确定性时代，我们要利用它，而不是躲避它。我们要成为火，渴望得到风的鼓舞。

黄　强

第一章

# 迈向第一的战略选择

在进入正题前,我先做一个评估:你认为自家企业的战略能力如何?如果满分为 10 分,0 分为没有战略能力,你会给自家企业的战略能力打几分?

我在进入管理教育行业的 15 年里,服务过数以万计的中小企业。在这个过程中,我发现一个很有意思的现象:在 2019 年以前,很多企业的发展可以叫作"本能增长"——没有战略,凭着创始人的肯干、敢干和市场给予的机会,企业就做起来了。事实上,企业"本能增长"的秘密在于"红利"二字。得益于改革开放的红利、人口的红利、全球化的红利、互联网的红利等,很多企业得到迅速增长。比如:3G 网络的普及使得智能手机行业得到迅速发展;4G 网络的普及使得短视频行业得到高速成长,催生出字节跳动这些快速增长的企业。

凡是红利必有周期。如今,中国经济的大红利正在退场,并且随着外部不确定性的增加,企业发展也进入换挡期。在这种情况下,企业要从原本借助红利推动企业增长转变为从企业内部获取推力——向内求发展。只有这样,企业才能释放巨大的增长空间。现在正是企业厉兵秣马、修炼内功的好时机。

企业修炼内功要从战略着手,把企业增长提升到战略高度。企业增长的天花板就是战略,因为战略是企业发展的方向。企业如果没有战略或制定了一个坏战略,就会成为别人战略的一部分,团队就如同一盘散沙,组织成员各行其是,内耗不断,企业的能量在这种情况下被消耗殆尽。如果企业在战略上没有提升的空间,那么实现增长是不可能的。所以,企业要实现增长,就要从战略着手。以下有三个问题。

- 问题一:什么是战略?
- 问题二:企业经营者制定什么样的战略,才能打破增长的天花板?
- 问题三:企业经营者应该做出什么样的战略选择?

战略的定义太复杂,在这里我把这两个字拆开来理解。"战"是"战斗",解决的是企业做什么的问题;"略"是"省略",解决的是企业不做什么的问题。"战略"即选择,企业经营者要选择做什么和不做什么。

既然战略即选择,那么企业经营者选择做什么、选择成为谁、选择飞多高,就决定了企业的未来。企业经营者目光狭隘,只能看到企业1年后、3年后的样子,选择的格局小、空间小,企业就会成为井底之蛙,看不到一望无际的天空;企业经营者目光远大，能看到企业20年后、50年后的样子，选择的格局大、空间大，企业就会成为展翅高飞的雄鹰，鹏程万里。

所以，一个能打破增长天花板的好战略是：企业经营者要选择成为雄鹰，选择成为第一。企业经营者只有做难而正确的事，立志成为第一，才能迈向第一。

企业经营者做出迈向第一的战略选择，要确定两样东西，即战略选择的"两定"，如图1-1所示。

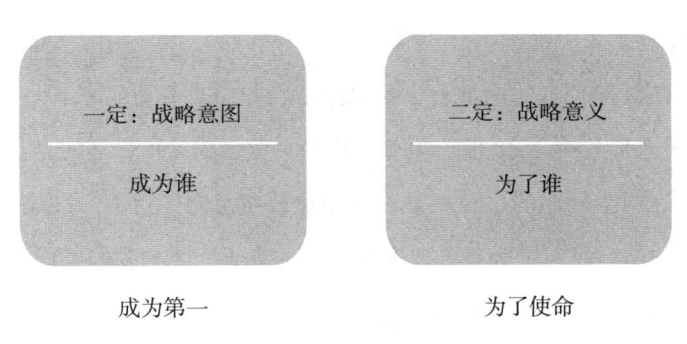

| 一定：战略意图 | 二定：战略意义 |
|---|---|
| 成为谁 | 为了谁 |
| 成为第一 | 为了使命 |

图1-1 战略选择的"两定"

## 战略意图：成为谁

企业在做出迈向第一的战略选择时，第一个动作是确定企业的战略意图。

什么是战略意图？

1989年，加里·哈默尔和普哈拉在《哈佛商业评论》上发表一篇题为《战略意图》的文章，文中他们给"战略意图"下的定义是：它是一个雄心勃勃的宏伟梦想，它是企业的动力之源，它能够为企业带来情感上和智能上的双重能量，借此企业才能迈上未来的成功之旅。

哈默尔和普哈拉之所以得出这个结论，是因为他们研究了1969—1989年这20年间成长起来的众多世界级企业，发现这些企业都有一个共同点：它们在刚起步时，就已经树立了"成为世界级领导者"的远大目标，尽管这个目标与当时企业的能力完全不匹配。

在管理教育的课堂上，我也经常会问中小企业经营者一个问题："未来10年、20年、30年，你的企业会成为什么样的企业？"回答这两个问题的过程就是确定企业战略意图的过程。战略意图回答的是"我们的企业要成为什么样的企业"或"我们要成为谁"的问题，是战略意图实现的愿景和目标。从某种意义上说，战略意图就是企业经营者的雄心和梦想。

一个人最终能成为什么样的人，在很大程度上取决于他想成为什么样的人。企业也是如此，一家企业最终能成为什么样的企业，在很大程度上取决于企业经营者想把企业办成什么样子，想让企业成为什么样的企业。

如果把企业的整体战略比作企业大脑的话，那么战略意图则是企业的心脏。战略意图应该具有极强的泵血能力，能够支撑企业在马拉松赛跑中持续前进，并能够带领企业主动迎接挑战，向第一名冲刺。

华为成立于 1987 年，国外的通信行业巨头爱立信和诺基亚分别成立于 1876 年和 1865 年。华为相对于它们来说是一个很年轻的企业。华为虽然成立时间短，但发展速度惊人，在不到 40 的时间里，已成为国际通信设备行业的"三巨头"之一。为什么华为能成为国际通信设备行业的领头羊？这与任正非的战略意图有着莫大的关系。

1994 年，任正非在员工内部讲话会上说道："未来的世界通信行业三分天下，华为将占其一。"当时很多人不相信他，认为他在说大话，在"画大饼"。因为在彼时的通信行业，朗讯、爱立信、阿尔卡特和北电等多家世界级企业已经领跑多年，华为只是一个初出茅庐的"小伙子"，其收入与巨头朗讯相差整整 53 倍。任正非的这一战略意图在外人看来，犹如一种孔乙己式精神胜利法，当时很多华为管理者也不相信。

"燕雀安知鸿鹄之志。"任正非有这样的战略意图，是经过深度思考的：他精准地捕捉到通信行业的发展趋势——从分散快速走向集中。基于这一判断，他意识到处于这种发展趋势之下，华为只有两条路：要么成为行业领军者，带领行业走向集中；要么被行业领军者吞并，湮没在时代发展的洪流之中。事实证明这个想法完全是正确的。20 世纪 90 年代以来，跨国通信巨头在国际市场需求下滑的情况下，转战方兴未艾的中国市场，与中国本土企业发生了激烈的市场争夺战。试想一下，华为如果不能成为行业领军者，就根本无法在跨国通信巨头的围追堵截下生存。当中国市场被跨国通信巨头蚕食殆尽，华为面临的结局只有一个——

死路一条。

由此可见，任正非并不是"孔乙己"，华为必须实现"占其一"的战略意图。

没有成为第一的追求，就不要妄谈战略了！这是任正非给我们最大的启示。试想一下，如果任正非从未有过让华为成为世界通信行业领军企业的战略意图，那么华为能有今天的成绩吗？我想应该不能，即使它做到了，也会走更多弯路。所谓"梦想有多大，格局就有多大"，就是说战略意图给企业带来意想不到的纲举目张的作用。

以终为始，企业经营者只有确定了自己所领导的企业要成为一家什么样的企业，该企业最终才会成为什么样的企业。

### 意图短浅：盘子思维

"企业要成为谁呢？"

从行动教育服务的15万家企业来看，在回答这个问题时，企业经营者大多会犯战略意图短浅的错误。什么是战略意图短浅？

战略意图短浅的表现有以下两种。

一是企业的战略意图不清晰。企业战略意图不清晰，具体表现为企业频繁更换赛道。比如，有的企业今天做管理教育，明天做儿童教育，后天做技能教育。一旦战略意图频繁更换，企业就会像无头苍蝇一样，东一拳西一脚。这类企业永远在抓风口，企业中的每个人都在没有明确战略意图的情况下瞎折腾，既浪费成本又浪费时间。

二是企业站在现在看未来。企业在明确战略意图时,只看到了企业今年和明年的样子,看不到企业 10 年后、50 年后甚至 100 年后的样子。比如,8 年前,我辅导过一家制造类企业,彼时该企业的战略意图是 5 年后转型成为信息化企业,这就是典型的站在现在看未来。因为当时已经是信息化时代,只是该企业还没有完全实现信息化转型,所以企业在明确战略意图时应该看到 10 年后、20 年后自己的样子,制定的战略意图至少是"成为数字化企业"。

为什么这些企业的战略意图短浅呢?很多企业经营者给出的答案是:"我们没有钱、没有人、没有资源,只能走一步看一步,先生存下来……"

这就是典型的用"盘子思维"做战略意图。所谓盘子思维,就是首先盘算自己的一亩三分地上有多少头牛、多少头猪,然后基于现有的牛和猪的数量,计算牛能挤出多少牛奶,猪能卖出多少钱。企业经营者是在以现有的资源计算企业未来的盘子,通俗地说,就是有多大的盘子就干多大的事。

盘子思维带来的后果是画地为牢,自我设限。结果一定是企业既飞不高,也飞不远。

提到诺基亚,很多人的印象大概还是那家在功能手机时代称霸全球,但在智能手机时代迅速没落的企业。到底是什么让诺基亚在手机市场急速溃败,最终将打下的江山拱手相让?

我们先来回顾一下诺基亚的发展历程:2007 年,诺基亚手机的总营收为 510 亿欧元,利润为 72 亿欧元,全年出货量为 4 亿台,市场占有率为40%，达到峰值；2011—2012年，诺基亚连续三个季度发布盈利预警，在2012年第二季度发布盈利预警后，股价跌至2.35美元的历史最低点，市值缩水至100亿欧元，而同时期苹果公司的市值增长至6 000亿美元。时逢另一家百年企业柯达申请破产，许多媒体发出疑问：诺基亚会是下一个柯达吗？

人才济济的诺基亚绝不缺少拥有远见卓识的聪明人，为什么当时会对种种危险信号置若罔闻呢？

诺基亚董事长李思拓在《偏执乐观：诺基亚转型的创业式领导力》中，分享了他自2008年加入诺基亚董事会至2012年出任诺基亚董事长期间，以当事人的第一视角对诺基亚深陷危局的各种原因进行的分析和反思，回顾了当时诺基亚收到的种种危险信号。其中之一就是当时的诺基亚战略意图短浅，用盘子思维思考企业的未来。

20世纪末至21世纪初，诺基亚的战略意图一直是通过在手机和移动通信网络技术上的创新和研发投入，以保持诺基亚在通信行业的核心竞争优势，保持第一。简而言之，就是通过建立技术壁垒，实现行业内的持续领先。为此诺基亚拒绝了多家企业的合作请求，比如索尼曾在1996年尝试与诺基亚合作建立"索诺"，但被诺基亚回绝。

这一战略意图在最开始时确实帮助诺基亚获得了成功，使其凭借高技术门槛将很多竞争对手拒之门外。然而随着联发科、高通等企业向市场提供低价芯片组，这一战略意图不攻自破，诺基亚打造的技术壁垒轰然倒塌。新的手机厂商如雨后春笋般涌入手机市场，它们无须掌握先进技术，直接购买芯片组进行组装即可。

李思拓说："仅仅用糟糕的管理、目光短浅的决策和战略定位上的失误来解释诺基亚的溃败是不全面的。"但不得不说，用盘子思维制定战略意图，确实是诺基亚在新的竞争格局下急速溃败的原因之一。

以史为鉴，为了避免同样的悲剧再次发生，企业经营者要摒弃盘子思维，拥抱战略思维。战略思维是未来导向，企业经营者在确定战略意图时要站在未来看现在，站在未来看未来。

任何一家企业都是从无到有地成长起来的，任何一家伟大的企业也都是从"三无"（无钱、无人、无资源）做起来的。企业真正缺的不是人，不是资源，缺的是胸怀和格局，缺的是实现高远目标的企图心。

这一逻辑不仅适用于中小企业，还适用于行业内的头部企业。很多年营收达到百亿的头部企业，并不懂居安思危、未雨绸缪，依旧以没有太大挑战性的战略意图指导企业发展。在行业没有发生大变化、市场局势稳定的情况下，企业如此做并不会立刻看到弊端。可当今世界变化迅猛，企业不仅要和同行业的对手竞争，还要和大量涌入所在行业的跨界对手竞争。企业如果不将战略意图定得高远一些，很容易被对手超越，甚至面临企业倾覆的危机。

## 择高而立：成为第一

那么，什么是远大的战略意图呢？换句话说，企业要选择成为谁才是最好的？

制定一个远大的战略意图一定要择高而立，成为第一。这主要有三个方面的原因。

原因一：这是一个自然而然的选择。

既然企业经营者选择从事一个行业，追求成为第一应该是自然而然的选择。这个道理犹如运动员参加奥运会，自然而然要选择成为第一。即使我只是一家小饭馆的经营者，也会有"开一家这条街上最好吃的饭馆"的目标追求，没有这样的心气，又怎么能把生意做好呢？

创业之初，大多数企业都处于资源有限和能力有限的困境，如果一开始就因为实力不足而丧失了雄心壮志，认定自己办不到，那才是最悲哀的事。能不能是一回事，敢不敢想是另一回事，只有敢于争取胜利的人，才能够赢得胜利。

有的企业经营者认为应该等到企业实力强大后再谈雄心壮志、再谈成为第一，这是很狭隘的想法。事实上，是因为我们有了成为第一的雄心壮志，我们才有壮大实力的可能。否则，经营企业路上的诱惑和磨难就足以磨灭我们的雄心，让我们丢掉初心，随波逐流。

成为第一并不是说要打败谁、取代谁，而是要充分调动和发挥自己的潜力，把事业做到极致。一个人或一家企业打心底里相信自己能够抵达卓越境地，认定自己配得上第一的称号，这对成为第一的事实和结果是有积极作用的。战略不仅是目标，还意味着更高的精神追求和我们对这个世界的价值主张。企业有成为第一的心性，才会找到战略成功的根本点。

原因二：做"老大"和做"老幺"所花费的成本是一样的。

假设我们在上海市闵行区经营一家火锅店，那么我们是选择开一家闵行级、上海级、中国级还是世界级的火锅店呢？如果让我选择，我一定会选择开一家世界级的火锅店。

为什么我要选择开一家世界级的火锅店？因为做"老大"和做"老幺"所花费的成本是一样的。无论我选择做"老大"还是"老幺"，从选择开火锅店的那一刻起，我都需要装修店铺、物色厨师、采购原材料、招聘服务员、研发产品、找用户、定价、做管理等，经营火锅店的所有环节一个都不会少。无论我们选择做大还是做小，商业的本质是不变的。即便我们只是一个个体户，商业的逻辑也是一样的，同样需要布局人、财、物、产、供、销等。最后我们会发现：开一家世界第一的火锅店和做"老幺"的火锅店，都要花一样的时间和精力，流程也是一样的，它们之间的差距不会太大，但结果却千差万别。

为什么选择开一家闵行级火锅店的结果一定不好呢？因为它的战略意图不够高远，格局不够大。清代学者陈澹然曾云："不谋万世者，不足谋一时；不谋全局者，不足谋一域。"事实就是如此，企业经营者一旦站得高，就有了全局思维，可以一览众山小；企业经营者一旦站得高，就能坚守长期主义，因为他能看到别人看不到的未来。

因此，企业经营者在确定战略意图时一定要择高而立，立志成为第一。企业经营者要打开格局，胸怀伟大的梦想，立志通过奋斗创造一个有无限可能的未来。

原因三：要么第一，要么被淘汰。

2020年5月，麦肯锡公司发布了一份名为《快进中国：新冠疫情如何加快五大经济趋势》的研究报告。在这份报告中，麦肯锡披露了一组触目惊心的数据：中国企业一直有明显的头部效应①。这种头部效应有多严重呢？10%的头部企业获得了大约90%的经济总利润。在世界其他地区，这一比例约为3∶7。而且，中国头部企业占据绝对领先优势，其资本回报率达14.6%，是市场平均水平（6.8%）的两倍以上。这还不是最可怕的，更可怕的是在头部企业以下，腰部企业缺失，大量尾部企业生存困难……

随着马太效应②的加剧，未来在大部分行业，企业根本没有机会"做老幺"。也就是说，企业如果未来10年无法在某个细分领域成为头部企业，就可能面临被市场淘汰的厄运。所以，企业经营者应该尽早考虑"做老大"，一开始就立志成为世界第一。

我爱好读书，在阅读商界巨擘的传记时，发现一个规律：一流的企业经营者都有相似的信念，他们在一无所有的时候就立志成为第一。比如，三星创始人李秉喆说："要做就做第一，不然就退出。"三星集团总裁李健熙说："第一名和第二名只有0.01秒的差距，但却是金牌与银牌的天壤之别。"优衣库创始人柳井正说："要做就做世界第一。不管做什么，一定要拿第一名。"

---

① 头部效应：在一个领域，第一名往往会获得更多的关注和资源，并且通过复利效应滚雪球，收益和成长的速度都是最好的。

② 马太效应：强者越强、弱者越弱的现象。

商业的本质是弱肉强食，遵循适者生存、优胜劣汰的丛林法则。尤其在互联网时代，马太效应越发凸显，唯有成为第一，才能更好地生存。

### 落地实践：迈向第一

说到做到是人品。企业经营者确定了成为第一的战略意图后，如果最终企业不能实现这一战略意图，那么企业经营者就有吹牛的嫌疑。

下面，我通过两个案例来分享一下企业经营者如何通过成为第一的战略意图来实现企业增长，迈向第一。

### 小米：蚂蚁如何撼动"巨无霸"

2010年4月6日，小米在北京中关村悄悄诞生了。第一款小米手机于2011年8月16日发布，10月底正式上市，当年收入超过5亿元。2012年，小米迎来第一个完整财年，营收超过100亿元。2014年营收达636亿元，按当时的汇率计算，突破了100亿美元的大关。2010—2014年是小米十年历程的第一个高速增长阶段。在接下来的2015年和2016年，小米营收增长速度放缓，陷入增长困境。经过两三年的调整，小米进入第二个高速增长阶段，2017年营收突破1 000亿元，2019年突破2 000亿元，成为当时最年轻的世界500强企业。随后，小米连续3年进入世界500强榜单，排名持续提升，分别为第422位（2020年）和第338位（2021年）。

小米要成为谁？雷军在《小米创业思考》一书中写道："小米

要成为一家伟大的企业，对社会有贡献。"他依此得出了小米的战略意图，也是小米梦想的起点——做全球最好的手机，只卖一半的价钱，让每个人都能买得起。2011年1月，在小米的第一场年会上，雷军对他的同事说，他的目标是做出像iPhone一样好的手机，然后卖1 800元，甚至800元，让每个中国老百姓都买得起。

人因梦想而伟大。基于远大的战略意图，雷军开启了梦想落地之旅。要知道，对于当时还只是中关村一家小企业的小米来说，要做全球最好的手机谈何容易。当时中国市场上有苹果、三星、诺基亚、摩托罗拉这样的国际品牌，还有中兴通讯、华为、酷派、联想这样的本土巨头，像蚂蚁一样的小米，如何撼动这些"巨无霸"呢？

首先，雷军从谷歌、微软、摩托罗拉找来了最重要的合伙人和组建优秀的创始团队。组建团队是一个极为痛苦的过程。雷军在面试每一位优秀的人才时，优秀的人才也在面试他。雷军总结的经验就是要脸皮厚，刘备三顾茅庐，那他可以"三十顾茅庐"，用尽方法，一定要将人才请进小米。

其次，雷军和创始团队基于安卓做操作系统。经过认真研究和讨论，雷军发现，在智能手机刚起步的时候，电话、短信、通讯录和桌面是人们最常用的功能，只要集中精力把这四个核心功能模块做好、做透就行。目标聚焦后，进展就快了，仅仅两个月的时间，MIUI第一版就做好了。

有了产品，小米接下来就要解决用户的问题。当时的小米创始团队全员去各种社交平台和社区发帖。他们给自己定了一条硬性规定：每天发 300 个帖子，每个帖子都要 100 字以上，而且要言之有物，能适应不同风格的论坛，不至于被社区管理员当成垃圾推广信息删掉，然后把这 300 个帖子转发到所有自己知道的论坛、社区。经过全员的努力，小米在论坛和社区上有了一点知名度，有了 100 个种子用户[①]。这些种子用户靠口碑发展壮大，第一周 100 人，第二周 200 人，第三周 400 人……小米的用户就这么增长起来了。

接下来的发展如同所有企业一样，小米开始产品迭代，吸引用户，做小米生态，迈向国际化。2014 年第三季度，小米迎来了高光时刻。面对国内外巨头的夹击，小米用了三年时间成为中国第一、世界第三，登上《时代》周刊的封面，估值达 460 亿美元，成为当时全球估值最高的未上市科技企业。

到了 2015 年，小米手机未能完成当年的销售目标，小米由此进入为期两年的低谷期。问题出在哪里？雷军仔细分析后发现，真正的原因在于内外两方面的多重困难，其中最关键的是小米自身能力不够，只是过去很多问题都被高速增长掩盖了，而一旦减速，这些问题就立即暴露出来。小米还是一家年轻的创业企业，根基还不牢固，唯一的办法就是抓紧补课，抓紧自救。

2016 年 5 月，雷军亲自接管了手机部，并且明确了要以"交付、创新、质量"为抓手和全面"补课"为目标。那段时间，雷军带着企业全员"死磕"，经常早上 9 点上班，到凌晨一两点还在

---

① 种子用户：产品的第一批用户。

开会，有一次他甚至一天开了23场会。

经过两年的"补课"，小米逐渐重回正轨。2017年第二季度，小米手机出货量走出深V反弹曲线；到当年第四季度，小米手机重返全球前四的位置。

为什么小米能够摆脱销量下滑的死亡螺旋？抛开所谓的运气因素，以及自身迅速而深刻的反思、复盘、学习、迭代能力，雷军认为原因之一是自己在创立小米时确定的战略意图——做全球最好的手机，只卖一半的价钱，让每个人都能买得起。这一战略意图让小米即便是在生死边缘徘徊，也没有自乱阵脚或随波逐流，而是有条不紊、始终坚定地坚持创新、坚持"补课"，不断自我迭代、自我完善。

当然，很多人会说"小米至今也没成为全球第一"。是的，小米确实至今没有成为全球第一，但即便小米做不成行业内的世界第一，也会因为这个战略意图，向世界第一靠拢，做成第二或者第三。正如《孙子兵法》所言："求其上，得其中；求其中，得其下；求其下，必败。"

**行动教育：从亏损到增长，再到"中国管理教育第一股"**

2021年4月21日，行动教育在上交所主板上市，成为"中国管理教育第一股"。2021年，企业营收大幅增长，其中企业核心业务——管理培训贡献了主要力量。同时，企业的赢利能力也不断增强，毛利率稳步提高。从2017年至2021年，企业的毛利率逐步提升，实现连续5年稳定增长。

行动教育是如何做到连续5年稳定增长的，特别是在近3年新冠肺炎疫情频发和不确定的环境下?

任何企业的增长都不是一蹴而就的。在企业增长的道路上,行动教育也走过弯路。2006年企业刚成立时,行动教育锁定的市场是企业家实效教育,主打产品是"赢利模式"课程。由于课程的实效性和落地性,企业很快就迎来了快速发展期。2006年,企业营收达数千万元,2007年业绩翻番……

2011年,市场环境发生巨变,行业内大打价格战,企业受到了很大的影响,增长几乎停滞。随后,企业的业绩越来越差,2013年,出现了成立以来唯一一次亏损情况,企业内部人均效能低下,大量员工离职。在这样艰难的情况下,董事长李践在2014年的年会上做了一场演讲,主题是"未来10年的战略"。在年会上,李践向全员阐述了企业未来10年的战略意图——"世界级实效商学院"。

基于新的战略意图,企业要从做培训转变为做教育。培训和教育有什么区别呢?培训是短期行为,每次开课三天,上完课人就离开了。而教育是长期的,是以人为导向的事业。作为一家做教育的企业,行动教育要超越对利润的追求,重塑使命,让一切都指向用户价值。所以,教育的定义不应该是一堂课,而是站在一个更高的台阶上帮助企业经营者提升经营管理能力。

李践在年会上动情地说道:"我们要做一只雄鹰,而不甘心成为一只苍蝇。我们必须立志高远,要飞得高,要向世界第一看齐。"

要知道,李践说这番话的时候,行动教育正处于分崩离析的状态。有人可能会认为李践在说大话——企业连生存都成问题了，还谈什么世界第一。是的，说到没做到是说大话，说到做到是诚实。接下来，行动教育以世界第一为起点，按照世界级商学院的标准来配置资源。请注意，行动教育不是 10 年后才按照哈佛商学院的标准来做，而是起步就以世界级标准要求自己，缺什么补什么。三年后，企业在上海虹桥机场旁边买了一栋"花瓣楼"，并找到哈佛商学院的设计团队，设计出国内顶级的阶梯教室，教室里所有软、硬件全部符合哈佛商学院的标准；老师都是全球最有影响力的，黑板、粉笔甚至地毯都选用了全球知名品牌的顶尖产品……

从亏损到增长，再到上市，这说明什么？这说明行动教育选择了正确的道路。行动教育的战略意图从一开始就是以终为始，择高而立，要成为第一。行动教育一直相信"相信"的力量，伟大的梦想本身就是一种巨大的生产力。正如德国哲学家马克斯·韦伯所言："任何一项伟大事业背后，必然存在着一种无形的精神力量。"战略意图中最有价值和力量的，其实就是企业经营者自身坚定、执着的信念——我是一切的根源。

心有所信，方能行远。企业经营者的战略意图就像一团火，可以让企业形成强大的战略定力，向着迈向第一的战略目标勇敢前行，打赢增长战。

最后，让我们一起进行一次时空穿越，回到 10 年前，想象自己身处行动教育战略管理团队的会议室，那里有一群人正在为企业未来 10 年的发展方向进行着激烈争论，他们把几十个战略意图放在一起做对比。经过大家的热烈讨论，最后白板上只剩下两个战略意图：成为第一和稳步增长。此时，作为企业经营者的你，会选择哪一个？你会犹豫吗？

## 战略意义：为了谁

企业在做出迈向第一的战略选择后，第二个动作是确定企业的战略意义。

什么是战略意义？

战略意义就是企业选择成为第一是为了谁，或者说做企业有什么样的目的或意义。回答这个问题的过程就是确定企业战略意义的过程。企业经营者只有真正深刻理解了这个问题，才能在复杂多变的商业环境中，把握正确的方向。

### 四重意义：义利合一

"做企业是为了谁？"

在课堂上，我也经常会问企业经营者这个问题，得到最多的答案是"为了股东""为了员工""为了赚钱"。

这些答案都对，特别是在改革开放初期，因为当时物质比较匮乏，中国第一代企业经营者做企业的目的比较简单，就是想脱贫致富、想赚钱，让家人过上更好的生活，也就是西方管理学所说的"追求利润"，所以赚钱似乎就是第一代企业经营者做企业的目的。

当然，做企业要追求利润，企业只有赚了钱，才能存活下来。不赚钱的企业不是好企业，但仅为了赚钱，企业是做不长久的。

说到这里，有的企业经营者可能会问："如果做企业不是为了赚钱，不是为了利润，那是为了什么？"

现代企业经营者要真正弄清楚做企业是为了谁，首先要弄清楚义与利的关系。我认为，做企业有四重意义，如图 1-2 所示。

第一重意义：见利忘义

第二重意义：见利思义

第三重意义：先义后利

第四重意义：义利合一

图 1-2　企业经营者做企业的四重意义

### 第一重意义：见利忘义

企业经营者做企业的第一重意义是见利忘义，这是最低层次的意义，也是最糟糕的意义。所谓见利忘义，是指企业一旦觉得有利可图，就忘记道义。

见利忘义不仅仅发生在靠利润存活的中小企业身上，许多已经迈过生存大关的大企业也会犯同样的错误。比如，曾经产销量连续 15 年全国第一的某奶粉品牌，为了获取更大的利益，将对人体有害的三聚氰胺加入奶粉，使得一大批本应健康成长的婴儿出现了不同程度的结石、智力低下、发育迟缓等症状，损害了婴儿的健康。该企业见利忘义的行为，不仅给社会带来了巨大危害，还令自己顷刻间跌落谷底，过去多年积累的良好声誉在一夕之间灰飞烟灭。

该企业的跌落表明：企业经营者的义利观，决定了企业能够走多远。我们必须认识到，如果我们把做企业的意义仅仅确定为"为了利润"或"为了自己"，那么当义和利同时出现时，我们就会选择利，后果可能像上述企业一样。

我们经常能看到有的企业经营者心中没有义，只有利，起初做企业时还循规蹈矩，可一旦发现能使利润成倍增长的方法，便会毫不犹豫地选择利润。而通常情况下，除非技术有重大突破，大多数能使企业利润成倍增长的方法，几乎都是有违道义的，比如生产假冒伪劣产品、哄抬产品价格、欺骗消费者、剥削员工等。

企业经营者对利润的追求可以令企业不断创新、向前迈进，但如果只追求利润却罔顾道义和法律，就会令企业经营者丧失理智，亲手将企业推向万劫不复的深渊。

利润是企业生存的必要条件，就像人生存必须有氧气一样，但利润不应当是企业追求的终极目标，人生存也并非为了获得氧气。做企业应该有更加远大的终极目标、更有意义的理想，就像每个人终其一生都在追寻生命的意义。

### 第二重意义：见利思义

企业经营者做企业的第二重意义是见利思义。见利思义相比见利忘义要好很多。

什么是见利思义？见利思义是指企业看见利益，首先会想到道义。

见利思义是对企业最基本的要求。企业经营者如果能够做到见利思义，就会在面对利益诱惑时，不被冲昏头脑，而是停下来思考这件事情是否符合道义和法律。如果符合，那么企业经营者可以坦然地去做，因为这件事情经过了"义"的考验；如果不符合，企业经营者也要大方放下，做到孔子所说的"不义而富且贵，于我如浮云"。

### 第三重意义：先义后利

企业经营者做企业的第三重意义是先义后利。先义后利是较高层次的境界，企业经营者能做到这一点就已经很不错了。什么是先义后利？

先秦散文《鱼我所欲也》中有这样一段话："鱼，我所欲也；熊掌，亦我所欲也。二者不可得兼，舍鱼而取熊掌者也。生，亦我所欲也；义，亦我所欲也。二者不可得兼，舍生而取义者也。"这段话传达出的意思延伸到企业的义利观上，可以解释为我们不能丢失仁义道德，我们也不想丢失利益。当二者发生冲突时，我们要把仁义放在第一位，把利益放在第二位。如果二者不可兼得，我们选择要仁义，不要利益。这就是先义后利。

我辅导过一家食品企业，当时其所属行业竞争非常激烈，为了占领市场，所有的企业都在打价格战，而价格战打到最后，整个行业都不赚钱。该企业的经营者问我："你觉得我们该不该降价？"我和他分享了企业打价格战的逻辑：企业打价格战就要降价→降价意味着企业要降低成本，才能获得利润→降低成本后，产品的品质无法得到保障→最终损害用户的利益→用户会对企业失去信任→企业的产品销售不出去，企业无法增长，逐渐走向穷途末路。

该企业的经营者明白打价格战将会给企业带来什么样的后果后，首先，毅然决然地拒绝打价格战；其次，反其道而行之，对产品进行优化、迭代；再次，在产品的品质得到提高后，企业提升产品价格，比同行高出10%；最后，企业避开竞争激烈的湖南市场，转战广东市场。该企业在做出这些举措后，产品销量提升，产品受到了高端用户的追捧，很快打开了广东市场，并在几年内迅速占领全国市场。

这家当年行业排名第八的企业，如今已经实现迈向第一的增长，成为行业第一，销售收入在行业内也是遥遥领先。这位企业经营者在利益面前选择了义，优先考虑产品的品质，做到了先义后利。

**第四重意义：义利合一**

企业经营者做企业的第四重意义是义利合一。这是做企业最高层次的意义，有崇高追求的企业经营者可以向这一层次靠拢。所谓义利合一，就是义中有利，利中有义，义利融合。

义利合一的思想最早是由中国古代思想家墨子提出的，他主张"义利合一，兼相爱，交相利"，辩证地将义和利统一在一起。清代思想家严复认为，义与利并不是矛盾的，相反二者是统一的。

例如，电镀是工业产业链中的重要环节，这一环节会产生污染环境的工业废水。有的企业为了节约成本，不对污水进行处理便直接偷排入地下，严重污染了当地的地下水资源。这种企业就是没有义的企业，虽然它们节约了处理污水的钱，适当增加了自身利润，但会产生严重的后果：一旦偷排被发现，这些企业将面临高额罚款，被要求停产整顿，企业风评也会急剧下降，用户将不再信任企业，企业也会走向倾覆。

由此可见，没有义就不会有利，即便有利，也是短期的。反观我辅导过的另一家电镀企业，这家企业在成立后的前五年一直处于亏损状态，因为这家企业的经营者一直坚持将污水处理达标后再排放出去，为此购买了高价的污水处理设备，高薪聘请了污水处理工程师，只为不破坏生态环境。同时，这家企业在核心技术上加大研发力度，以期提升用户价值。在这位企业经营者的努力下，企业的坚持被更多的用户看到，用户就都知道这是一家不污染环境的良心企业，更愿意与这家企业合作，企业由此树立了良好的形象。辛苦五年后，这家企业终于在第六年开始赢利，并且持续赢利数年。如今这家企业已经成为行业中的头部企业，企业的纯利润率远超同行。

京东也是一家义利合一的企业，非常重视企业的社会效益。京东从消费者、合作伙伴、股东与投资者、员工、政府、公益创新、环境等多个维度深入布局了京东的社会责任体系，比如：京东的精准扶贫项目深入国家级贫困县，帮贫困群体实现增收；京东的"物爱相连"公益平台为需要帮助的人群募集物资；京东的"青流计划"致力于推进供应链全链条的低碳环保、节能降耗；京东的"千县万镇24小时达"时效提升计划提升了县镇村三级物流触达能力和服务时效；京东的乡村振兴"奔富计划"打通农村全产业链条，推动乡村振兴，带动农村万亿产值的增长；在新冠肺炎疫情防控期间，京东物流和京东医疗全力保障人们的生活物资和医疗用品供应；京东还为返乡入乡农民工提供了大量的就近就业岗位和创收机会，2021年仅京东物流就为20多万个农村家庭带来更稳定的收入保障……在这个社会责任体系的建设下，截至2021年，京东的营收比、活跃用户和运营效率都有了大幅提升，京东在反哺社会的同时，也促进了自身的发展。

这两个案例告诉我们，如果企业做到了义，并采取合适的方式，利就会慢慢地和义合一，企业也会实现迈向第一的增长。

综上所述，企业经营者至少要做到见利思义和先义后利。"君子爱财，取之有道。"在符合法律的前提下赚取利润，这是初级阶段。当企业经营者能进入初级阶段，再向高级阶段进阶，追求义利合一时，企业尽管去做企业该做的事情，但如何明确该不该做？答案就是明确这件事情是否符合道义，是否符合企业发展规律。义者，宜也，合宜合理就是该做的，不合宜不合理就是不该做的。企业尽管去做合宜合理的事情，利就在其中。如果企业经营者能够达到这种境界，那么企业就会实现迈向第一的增长。

求利是基础，守义是底线，重义是升华。当代的企业经营者应该有士大夫情怀，眼睛不能仅盯住自己的一亩三分地，要胸怀国家和社会，做到既能脚踏实地又能仰望星空，既甘于寂寞又敢于创新冒险。

## 使命至上：为了用户和社会责任

通过做企业的四重意义，我们明白了企业应该树立什么样的义利观。那么新问题来了，做企业究竟是为了谁？

"为了谁"这个问题很宏观，不同的企业有不同的答案。但我们可以归纳出一个统一的答案，那就是企业使命。结合做企业的四重意义，我来回答这个问题。在利润之上，企业还要有更宏大的理想和更崇高的使命，唯有这样，企业才能激发一群有理想的人释放更多的潜能，为社会做出更大的贡献，创造更大的商业价值。企业只有追求利润之上的使命，才能实现迈向第一的增长。

日本"当代经营之圣"、京瓷创始人稻盛和夫非常重视企业的使命。他在讲述"明确事业的目的与意义"时，告诉其他企业经营者要"树立光明正大的、符合大义名分的、崇高的事业目标"。因此，稻盛和夫在京瓷成立后没多久便将企业的经营理念定为"追求员工物质和精神两个方面的幸福，为人类社会的进步发展做出贡献"。

许多企业经营失败的原因听起来五花八门，比如决策失误、资金链断裂、市场定位不准等。事实上，这些原因都只是表面原因，深层次的原因是企业的使命不够清晰。当企业的使命不清晰时，企业的发展方向就不明朗，企业经营者自认为能决定事情的关键，其实决定的只是无关紧要的事情。这就像赛跑一样，当企业一直在关心跑道是否平整、对手跑得快不快时，企业就会忽略自己想要到达终点的决心。而这个决心恰恰是能让企业在面对困难时坚持不懈，在取得成绩时不骄傲自满的关键。

企业使命代表的是非凡的价值和意义，企业要有先义后利、义利合一，宣告闯一番伟大事业的雄心。那么，非凡的意义从何而来？企业的使命又源自哪里？

企业经营者应找到心底的热爱与使命，我命由我不由天，缔造非凡，把做企业升级为与中华民族伟大复兴相连接的伟大事业，把做企业的目的提升到造福社会、为世界创造价值、为人类的美好生活贡献力量的高度，比如：华为的使命是"构建万物互联的智能世界"；微软的使命是"予力全球每一人、每一组织，成就不凡"；迪士尼的使命是"使人们过得快活"；等等。

当然，作为企业可持续发展中驱动力的使命，绝不是凭空想象出来的。总结一下，企业义利合一的使命有两个来源。

**使命源于用户**

"用户思维""创造用户""成就用户"这些话题这些年一直被企业经营者挂在嘴边，但我相信没有哪一位企业经营者或高管说"我们不关心用户"。即便他们真的不关心，口头上也会说关心。那么，什么才是真的关心用户？

亚马逊创始人杰夫·贝佐斯说："我们从不关心竞争对手，只关心用户价值。"亚马逊从企业的底层开始灌输用户价值，以"成为地球上最以客户为中心的公司"为使命，在文化、流程、定价、战略等方面都要站在用户的角度，考虑如何为用户创造更大的价值。下面我将通过经营企业过程中的一件小事，和大家分享我对亚马逊的理解。

很多企业会做对标分析，分析竞争对手在做什么，以及竞争对手的优势、劣势，然后据此完善自身。具体分析过程如下：购买竞争对手的产品，然后以"SWOT"分析法为指导，围绕产品做对标分析["SWOT"分析法中的"S"是指"优势"（strength），是分析自己和竞争对手的优势；"W"是指"弱点"（weakness），是分析自己和竞争对手的劣势；"O"是指"机会"（opportunity），是分析自身发展机会；"T"是"威胁"（threat），是分析企业面临的威胁]。

比如电商平台分析亚马逊，会从亚马逊上下单购买一些商品，然后分析亚马逊商品价格的高低、页面设计的好坏、服务质量的优劣、运送时间的长短等，再比较自身平台和亚马逊的优势、劣势，发现发展机会和威胁……这是一个常规的企业对标分析思路。

亚马逊也会做对标分析，几乎每个季度亚马逊都会做一个全路段、全流程的对标分析。亚马逊的做法是这样的：亚马逊会在京东、天猫等平台分品类购买一些产品，但并不直接分析竞争对手的优势、劣势，而是分析用户在购买产品时最需要的是什么，分析用户需要怎样的政策、流程、工具、解决方案。

亚马逊没有盲目地跟随或追赶自己的竞争对手，而是站在用户的角度思考用户的核心需求。竞争对手的做法不是它分析的重点，它只是通过竞争对手的做法，反思用户到底想要什么，最终得到行动方案。如果亚马逊发现自身做法与竞争对手的做法存在差异，但经过分析发现亚马逊的做法更能满足用户需求，那么它不会改，哪怕全世界的竞争对手都这样做，它也会坚持不跟风；如果分析后发现竞争对手的做法更能满足用户需求，那么它才会真正去改变，而且会分析到底要怎么改才更能满足用户需求。它关注的从来都不是竞争对手，而是用户。

什么叫作用户思维？这才是真正的用户思维。

企业经营者在经营企业的过程中，会听到很多"噪音"，但企业只有关注用户，才能反向驱动企业的增长，而且这个时候驱动企业做出的改变才是真正对用户有价值的东西。做企业不是为了企业经营者，而是为了用户。只有企业能够满足用户需求，企业才能立足且增长。贝佐斯深刻地理解了这一点，他所做的一切不过是让企业重新聚焦于用户的服务，帮助用户解决问题。

一旦企业经营者明白了企业的存在是因为用户的需求，社会允许一家企业存在的唯一理由，是它能够更好地为用户提供服务，企业的使命就会变得非常简单和清晰——以成就用户为中心。今天的中国企业，在确定自己的使命时，应该把为用户服务或成就用户放在第一位。

企业要想成为世界第一，就要做到"无我"：不要只关心自己的利益，而是要关心企业能为用户解决什么问题，创造什么价值。早在1954年，彼得·德鲁克就在他的著作《管理的实践》中告诉我们："企业的目的必须超越企业本身。关于企业的目的，只有一个正确而有效的定义，那就是创造顾客，是顾客决定了企业是什么。这是因为只有当顾客愿意付钱购买商品或服务时,企业才能把经济资源转变为财富,把物品转变为商品。企业认为自己的产品是什么并不是最重要的事情,对企业的前途和成功而言尤其显得不那么重要。顾客认为他购买的是什么,他心目中的价值何在,却有着决定性的影响力。"

**使命源于崇高的社会责任**

得诸社会,还诸社会,饮水当思源。从这个角度来说,使命应该源自崇高的社会责任。所谓崇高的社会责任,简单来说就是要造福人类,为社会解决问题,为国家的发展添砖加瓦,为创造美好生活贡献力量。这种把企业的小我价值变成社会价值、国家价值和世界价值的崇高社会责任也是企业发展的最大意义。

远元集团的使命是"为生命加分",这一使命源于远元集团崇高的社会责任。在使命的牵引下,远元集团以修脚产业为龙头,以相关产业为补充,带动更多人致富奔小康;勇担社会责任,回馈乡亲、回馈社会;传承修脚技艺,打造民族品牌,让更多人认识修脚技艺、看到修脚技艺、靠修脚技艺脱贫养家。

郑远元认为,"家有良田万顷,不如薄技在身"。因此,远元集团积极响应党中央脱贫攻坚的号召,在陕西省各级政府(包括紫阳县政府)的关心、支持下,以"政府主导+龙头企业+基地培训+定向就业"的模式,广泛开展修脚技师培训脱贫攻坚行动,取得了"就业一人,脱贫一户"的良好社会效应。自2014年至今,远元集团先后与安康市紫阳县、岚皋县、旬阳县等地的政府开展合作,开设了19所远元职业技能培训学校,先后培训修脚技师4万余名，带动5万多人从事修脚产业，帮助1.8万多名贫困人口实现稳定就业。

除此之外，远元集团还有一套完整的员工晋升体系。每一个员工在这里都可以找到自我，找到自身价值。基层技师可以晋升为副店长、店长、片区经理、大区经理、省区经理。远元集团带动一片，造福一方，实实在在地为乡亲们创业及就业开辟了一条风险低、致富快的脱贫之路，从而为地方的经济发展与社会稳定做出了巨大贡献。

回望过去15年走过的路，我发现商业本质上就是一场修行。也许我提炼出来的企业做出迈向第一这一战略选择的"二定"看起来很简单，但是要真正从这条路走到成功的彼岸绝非易事。因为要用好"二定"，意味着企业要克服人性中不好的一面，由贪婪的、自私的、急功近利的、懒惰的人修炼成克制的、利他的、长期主义的奋斗者。如此推演下去可知，商业的成功本质上是人性的成功。只有展现出人性中最美好的那一面，即创造力、付出、爱、奉献，企业最后才能到达"第一"的彼岸。

我一直坚信，商业是人类历史上最伟大的力量。这是因为企业经营者要用商业的眼光来看待社会问题，用商业的规则去解决社会问题，他们要投身于一项伟大且长期的事业，为使命奋斗，为理想而战。愿每一位企业经营者都能坚守自己的理想和使命，做出迈向第一的战略选择，最终成为第一。

## 本章作业

| 作　业 | 完成情况<br>（完成打√） |
| --- | --- |
| 确定企业的战略意图，写下企业未来 10 年、20 年将"成为谁"。 | ☐ |
| 确定企业的战略意义，找到做企业的意义，写下企业的使命。 | ☐ |

第二章

# 产品成为用户的第一选择

一家企业的增长由多种因素决定，大到经营战略，小到管理方法，是战略、文化、产品、组织、用户等因素综合作用的结果。那么，决定企业增长的最关键因素到底是什么？

很多企业经营者会说"战略""文化""人才""技术"，这些答案都对，但又都不准确。对于大部分企业来说，尤其是中小企业，很多时候我们发现它们有了好的战略，有了强有力的技术，有了优秀的人才，有了好的管理模式，但企业的业绩仍是一塌糊涂。为什么？最大的原因在于没有用户选择企业的产品。换句话说，企业生产的产品没有人购买，何谈增长？

因此，用户的选择才是决定企业增长的最关键因素。商业竞争的本质不是渠道竞争，也不是营销竞争，而是用户选择的竞争。用户会选择企业的产品，会持续选择企业的产品，是企业增长的本质之一。企业要实现迈向第一的增长，有很多策略和发力点，但真正能让企业实现增长的只有一个端口，那就是用户的选择——用户愿意花钱购买企业的产品或服务。所以，企业要实现迈向第一的增长,就要让产品成为用户的第一选择。

知之非艰,行之惟艰。在不确定性时代,企业的产品大多面临同质化严重、高度竞争等挑战,为此企业不得不采取大打价格战的战术,但最终的结果是"杀敌一千,自损八百",量价齐跌,企业亏损。

企业既然不能依靠打价格战走出行业高度竞争和产品严重泛滥的困境,就要思考一个问题:在今天的市场上无论哪家企业都不缺产品,那缺的是什么呢?

企业缺的是用户选择产品的理由,企业要思考:为什么用户要选择我们的产品或服务?面对同质化产品,用户为什么要选择我们的产品而不是其他企业的产品?这个时候,谁能让用户在众多产品中第一个选择自己的产品,谁就能获得增长和商业成功。

但是,企业让产品成为用户的选择还不够,因为用户面对的是同质化产品,以及同样的技术和工艺等。用户的选择有很多,用户为什么一定会选择企业的产品?要让用户选择企业的产品,企业就要让产品成为用户的第一选择,成为用户持续的第一选择。为什么苹果这些年一直在增长,即使是在安卓系列手机出货量都在下降的 2022 年,苹果依然在增长?因为在大多数手机用户的心中,iPhone 已经成为不假思索的第一选择。用户需要购买手机时,会首选苹果。这样一来,苹果就能够摆脱"价格战""促销战""流量战",实现迈向第一的增长。

让产品成为用户的第一选择,是企业实现迈向第一增长的"核动力"。我之所以用"核动力"一词,是想尽可能言辞犀利地表达"成为用户第一选择的产品"对于实现迈向第一增长的重要性。对于企业来说,所有的增长都要依靠产品在用户端来实现。企业离开了产品和用户,犹如无源之水,无本之木。

那么,企业要如何让产品成为用户的第一选择呢?

企业要让产品成为用户的第一选择,并不是一件容易的事,而是一件难度极大的事。这些年我在服务企业的过程中,经常会经历这样的事情:每当我问企业经营者"产品是否为用户的第一选择"时,90%的企业经营者都会找各种理由来解释企业的产品为什么没能成为用户的第一选择,比如行业具有特殊性。每次听到这样的话,我都会反问:"哪个行业不特殊?"这时又有90%的企业经营者回答不出来。

为什么回答不出来?原因很简单,我们总是在给自己找理由。无论我们身处什么样的行业,最终我们都要解决让产品成为用户的第一选择这件事,这是企业打赢增长战的关键。

那么,企业要如何让产品成为用户的第一选择呢?我对十几年的企业经营经验进行归纳总结,提炼出一套方法论,取名为"加减乘除法",即围绕产品采取四大措施,如图2-1所示。我希望企业可以从这套方法论中找到让产品持续成为用户第一选择的突破口。

关于"加减乘除法",有一个注意事项需要提前说明。"加减乘除法"没有先后的使用顺序,它是不同维度或者不同角度的方法的总结。企业经营者在实践时可以根据企业的实际情况实施,不一定要先做加法,再做减法,也可以同时做。

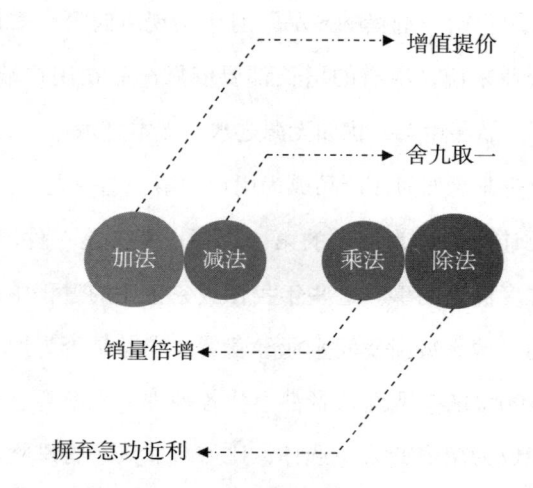

```
                                    → 增值提价


                                    → 舍九取一


              ( 加法 )( 减法 )  ( 乘法 )( 除法 )

         销量倍增 ←

         摒弃急功近利 ←
```

图 2-1　让产品成为用户第一选择的"加减乘除法"

## 加法：增值提价

"加减乘除法"中的加法是指增加和提高。那么，企业要增加和提高产品的什么呢？

企业要增加产品价值和提高产品价格，二者缺一不可。如果企业只增加产品价值，不提高产品价格，那么企业无法实现增长，甚至还会出现负增长的情况，因为增加产品价值需要成本；如果企业只提高产品价格，不增加产品价值，那么企业的产品不可能成为用户的第一选择，甚至还会有欺骗用户的嫌疑，因为产品价格与产品价值不对等。企业只有对产品增值提价，才能让产品成为用户的第一选择。

## 10倍级提高产品效果

### 用户买的不是产品本身，而是产品背后的价值

很多企业都会被同一个问题困扰：我们产品的性能和材质都很好，为什么卖不出去？价值1 000元的产品我只卖500元，用户仍然不满意，为什么？

原因是企业没有弄懂用户购买产品的理由。企业经营者可以换位思考一下，如果自己是用户，自己为什么买？比如，我们购买空调，是买空调本身，还是买空调在夏天带来的凉爽感？当然是买空调在夏天带来的凉爽感。这意味着用户购买的不是产品本身，而是产品背后的价值。如果企业生产的空调夏天不能制冷，冬天不能制热；如果企业生产的冰箱无法让食物长时间保鲜；如果企业生产的路由器总是断网，那么即使企业的产品售后服务再好，产品包装再有格调，用户也是不会购买的。只有当产品能为用户带来高价值时，用户才会愿意付出高价钱购买产品。反之，如果产品不能为用户带来任何价值，即使是免费，在当今这个时代也不会有人要。

以知识付费行业为例，用户购买的是企业售卖的课程吗？不是。用户购买的是课程带来的价值，是通过学习课程获得的能够指导实践的知识。如果课程中的知识不能指导用户更好地实践、拿到结果，那么对用户来说，购买课程就是浪费钱。

### 产品价值等于产品效果

"价值"一词听起来有点虚，但如果我们问一个人"什么是价

值",很少有人能够准确地说清楚它的意思。这里,我用一个通俗易懂的词来传达产品价值的内涵,产品价值就是产品效果。

比如,如果一家医美企业对用户说"我们的××产品价值很高",用户肯定会一脸蒙,但如果它对用户说"我们的××产品会让你更美",用户一定会理解产品的价值。

对于用户来说,产品的效果就是真理,高效果就是高价值,提升产品的价值就是提高产品的效果。企业要让产品成为用户的第一选择,至少要10倍级地提高产品效果。

**提高产品效果的"两点法则"**

对于大多数企业来说,要做到10倍级地提高产品效果是非常困难的。我推荐一个行动教育及其学员企业实践过的方法论——"两点法则",如图2-2所示。企业要10倍级提高产品效果,可以从这两个维度出发。

>>> | 用户的需求点
    | 竞争对手的区隔点

图2-2 10倍级提高产品效果的"两点法则"

第一点是用户的需求点。我们经常提到用户需求,那什么是用户需求?它不是我们平常看到、听到的需求,用户真正的需求是未被满足的需求。用户未被满足的需求才是企业提高10倍产品效果的重点，企业要重点研究用户哪些需求未被满足。

奥康是中国最大的民营制鞋企业之一，成立于1988年，2001年其子品牌康龙上市，2007年成为北京奥运会皮具产品供应商，2012年成功登陆A股市场。奥康发布的2021年年度报告显示，2021年企业实现营业收入29.59亿元，同比增加8.06%；属于上市公司股东的净利润约3 405.21万元，同比增加21.87%。在不确定性时代，是什么在支撑着奥康的增长呢？

毋庸置疑，奥康的增长离不开其对中国男士皮鞋市场的多年深耕，以及其对用户需求的深刻洞察。奥康调查显示，海外皮鞋产品最初的销售对象是欧美人，产品也是针对欧美人的脚型进行研发设计的。但亚洲人，特别是中国人，与欧美人的脚型有着很大区别。欧美人的脚背低，脚弓弯度小，扁平足比较多，脚型比较修长。而中国人的脚背高，脚比较宽，所以中国人穿欧美版的鞋子，大多会出现压脚背和磨脚趾的问题，舒适度和体验很差。那么，如何让中国人获得更好的男士皮鞋，并且拥有舒适的体验呢？答案是让中国人的脚穿中国人做的鞋。为了设计一双让中国人穿着既舒适又美观的皮鞋，奥康深度分析了中国人的脚型特征，积累了超过300万个脚模数据和166项专利，研发出了更舒适的男士皮鞋。

找到了用户的隐性需求之后，奥康是如何分解用户的隐性需求，将用户的需求转化为产品的呢？

为了设计出更舒适的男士皮鞋，奥康一次次突破技术难点，比如全球首创舒适透三项创新科技，无论在雨中还是在阳光下，都可以让男士的脚保持干爽和舒适。这一点对于像我这样几乎每天在外出差的人来说，简直太重要了，可以很大程度地减缓我们的疲劳感。

奥康之所以能够实现逆势增长，是因为对用户舒适需求的深刻洞察。商业的竞争，其实就是洞察用户需求的竞争。谁能够更准确地洞察到用户未被满足和深藏已久的需求，谁就可能引领行业下一阶段的增长。

第二点是竞争对手的区隔点。企业要通过产品创新，实现差异化，把自己和竞争对手区隔开。正如"定位之父"杰克·特劳特在《什么是战略》一书中所言："在大竞争时代，唯一的成功之道就是进入客户的心智。而进入客户心智的唯一方式，就是做到与众不同。"

海底捞是火锅行业的标杆，也是很多火锅企业自认为难以翻越的"高山"，甭说赶超了，能并驾齐驱就已经很不错了。在新冠肺炎疫情的影响下，不少火锅企业出现关店或业绩下滑的情况，可一家名叫巴奴火锅的企业不仅没有业绩下滑，还实现了增长。它是如何做到的呢？

巴奴火锅的经营者杜中兵说："作为挑战者，巴奴火锅是从学习行业领军者——海底捞做起的。"海底捞的服务和体验受到用户的广泛喜爱。于是，巴奴火锅的年轻服务员们开始学习怎样更好地服务用户，他们苦练甩面、给用户过生日，甚至帮用户带孩子……但不管怎么学，巴奴火锅也只能是更像海底捞，不可能超越海底捞。后来杜中兵转变思维：既然学不会海底捞，就做与海底捞不一样的，让自家企业与海底捞区别开来。于是，巴奴火锅开始寻找与海底捞的区隔点，通过产品创新，独树一帜。

在用户定位上，与海底捞定位于服务中端的大众用户不同，巴奴火锅把用户群定位为追求品质的高端用户；在发展方向上，海底捞是通过标准化的服务来获得用户的好感，巴奴火锅则是通过高品质的产品来获得高端人群的认同；在产品价格上，巴奴火锅的立店品类是毛肚，平均客单价为160～180元，比海底捞贵30～40元，是国内火锅市场消费水平的两倍左右。

巴奴火锅的差异化产品创新，除了在用户定位、发展方向和价格上与海底捞区分开来，更多的是在对用户价值的理解上。在消费升级中，变化最大的要素是人，这也是"极致的用户思维"，同时是近年来商业创新的关键要素。"用户思维"原本是海底捞的标签，但因为海底捞已经占据了"服务第一"的地位，很难被替换，所以巴奴火锅提出了一个新的说法——"服务不过度，样样都讲究"。如果说服务是一种温度，那么海底捞是热情如火的，而巴奴火锅给客户的感觉是只有40℃的温和感觉。除非用户主动提出，否则巴奴火锅的服务员不会有任何多余的服务动作，会留出足够的私人空间给用户。"服务主动而留有界限"，是巴奴火锅吸引高端用户群的重要方式，也是其与海底捞最大的区隔点。

如今的巴奴火锅虽然在开店数量及营业收入上没有完全超越海底捞，但作为后起之秀，能够在如此短的时间内脱颖而出，成为海底捞最强劲的竞争对手，依靠的就是找到与海底捞的区隔点，即反其道而行之的差异化路线，这让它在万亿市场中杀出一条血路。

所以，与其更好，不如不同。不过企业要做到不同，并不是剑走偏锋、哗众取宠，而是真正从商业的本质——用户价值的角度思考问题，在不同维度与竞争对手形成明显的差异。

总之，企业要通过提升产品价值来让产品成为用户的第一选择，要做到：首先，弄懂用户购买产品的本质不是产品本身，而是产品背后的价值；其次，要明白产品价值就等于产品效果，要想让产品成为用户的第一选择，至少要 10 倍级地提高产品的效果；最后，通过"两点法则"——找到用户的需求点和对手的区隔点，进行产品的差异化创新。

## 先增值后提价

企业让产品成为用户第一选择的加法的另一种做法是提高价格。

### 降价必"死"

一个典型的场景是，我经常听到企业经营者抱怨："生产出来的产品卖不掉，怎么办？"这时候我会反问："你们通常会如何应对呢？"最常听到的回答是"打折""降价"。每每听到这样的回答，我总会为这家企业的未来捏一把汗。如果企业经营者不改变"打折""降价"的产品思维模式，那么企业不仅毫无利润，还可能活不长。

2022 年，在中国物流服务企业的排行榜上，百世快递被评为中国口碑和服务最差的快递企业，累计涉及的投诉量竟达到了 2.5

万条，比收购自己的极兔快递高出了10倍。不仅如此，从2015年开始，百世快递已经停止增长，一直到2021年，百世快递在7年内亏损了149亿元，是国内亏损最严重的快递企业。在快递行业欣欣向荣的大背景下，是什么原因导致百世快递连年亏损？

2015年，为了增加业务量和与竞争对手抢夺用户，百世快递开始降低票单价格，让自己卷入一场无休止的价格战中。票单收入的走低，在很大程度上挤压了企业成本，这也意味着百世快递不得不通过选择成本更低的运输方式等来节约成本。这体现在用户的使用感受上，就是快递速度更慢、不送货上门、包装破损等问题。降价问题的出现导致企业进入一个恶性循环：产品价格低→站点赚钱少→服务差→用户少→再降价→站点倒闭→包裹大量堆积→企业亏损。

在西方的管理哲学中有一个说法，叫作"降价必死"——降价等于"杀自己"和"杀用户"。百世快递的故事给各个行业敲响了一记警钟。为什么企业的产品降价必死？因为大多数企业的利润已经薄如刀片，产品降价犹如"割肉自杀"，产品价格一降，企业就没有利润。企业为了保住微薄的利润，就会做出降低成本的动作。这就是案例中的企业服务差、速度慢的原因。

企业降低成本最终会伤害谁呢？伤害的是企业的用户价值。这背后隐藏着一个非常重要的商业原理：成本就是战略。其意思是成本就代表着企业的资源配置，一旦企业降低了成本，企业的战略就被"破"了。比如过去这是一家高档餐厅，降低成本以后，就变成低档餐厅。用户过去对餐厅的期待是食物新鲜味美、服务好、环境好，可现在没有了新鲜的食物，味道、服务和环境都大不如前，这样用户就会毫不犹豫地选择离它而去。

企业一旦进入价格战模式，就进入了一片"死海"。表面上看，企业降价的行为降低了用户的购买成本，生产商也愿意为之生产。但企业到最后会发现，这种"断自己后路"的恶性竞争不仅扰乱了市场，还是"累死"自己、"坑死"上下游、"饿死"同行的"自杀"式行为。

### 先增值后提价

企业经营者在明白了做产品不能依靠降低价格来成为用户的第一选择之后，接下来要思考的是：在如今的互联网环境下，产品价格透明，用户能轻易对比价格，那么企业如何做到既能提高产品的价格，又能让产品成为用户的第一选择呢？

答案是先增值后提价。其意思是要先提升产品价值，再提高产品价格，而这个逻辑顺序一定不能颠倒。说到这里，可能有人会质疑：现在有很多企业打出了"物美价廉""薄利多销"的旗号，难道它们就没有利润空间吗？我要旗帜鲜明地告诉大家：在商业世界里，从来就没有"物美价廉""薄利多销"。因为在大部分人的认知里，"一分钱一分货"，高价值就等于高价格。物美，价一定不低；薄利，物一定不好。

以经营酒店为例，如果我们选择经营一家五星级酒店，其实就已经决定了它的五星级标准。五星级标准的背后，是五星级的成本和五星级的定价。同样，当我们选择开招待所时，匹配的就是招待所的成本和招待所的定价。所以，产品的价格不仅关系到利润正负的问题，还关系到战略和标准的问题。

我们要想解决酒店入住率不高的问题，唯一的办法是回到原点——提升用户价值，否则会陷入两难境地：降价是"找死"，不降价是"等死"。因此，如果这家五星级酒店的老用户不满意，那么我们非但不能降价，反而需要加价。请注意，提高产品价格的逻辑一定不是降价杀本，而是增加成本进行用户价值提升，最后再提高价格，让企业转向良性循环。比如，过去的房费是每晚1 500元，现在可以调整为每晚1 700元。当然，我们不能盲目提价，提价的前提是要提升产品价值，比如重新规划和设计酒店的结构、提升酒店的服务标准、重新定义酒店的增值服务、引入世界级魔术大师的表演等。这些举措的目的是通过提升产品价值来吸引用户。用户走进酒店时，会发现酒店的环境越来越优美，早餐越来越丰盛，活动越来越多，孩子们玩得越来越开心……这时候，用户才会心甘情愿地支付这多出来的200元，甚至更多。

所以，企业提高产品价格的逻辑一定是通过提升产品价值，来进行用户价值提升并做出差异化产品，然后再提高价格。

## 减法：舍九取一

"加减乘除法"中的减法是指减少或舍去。从产品的角度来看，企业要减少产品的品类、品牌等。

## 产品不是做多，而是做少

### 用减法思维做产品

这是一个充满焦虑的时代，几乎每个人都想拥有十八般武艺，于是我们看到诸多企业经营者学经营、学管理、学演讲、学沟通等，仿佛只有样样通，才能把企业做好。所以，当我告诉企业经营者"产品要做少，而不是做多"时，有的企业经营者会反驳，说："难道不是样样都做，样样都好，把鸡蛋装到多个篮子里，企业会增长得更快吗？"

锣不敲不响，理不辩不明。那么，我们就来辩一下为什么产品要做少，而不是做多。

俗话说："样样通，不如一样精。"一个人的精力是有限的，他如果每一种技能都用心去学，纵使天资聪颖，每种技能都掌握得不错，也比不上一个专攻一种技能的人。术业有专攻的人在其他领域，或许一窍不通，但在他擅长的领域，却可以取得非凡的成就。在企业的产品思维上，也是同样的道理。

早些年，大多数企业经营者在做产品时会运用加法思维。所谓加法思维就是企业经营者在做产品时，思考的角度是通过增加产品品类、功能、品牌等给用户提供更多的选择，覆盖更多的用户痛点，从而实现企业的增长。

企业经营者用加法思维做产品，这种方法也曾助力不少企业在实践中取得成功。一个明显的例子就是各类网红产品，比如"奶茶火锅""酸奶大麻花"等，这些都是在传统产品上做加法的产物。然而，时移世易，在如今的数字化时代，很多企业发现用加法思维做产品"不灵"了。互联网使得信息传播变得透明化，用户的接触点从单向传播转变成双向互动，而不同触点的特性又完全不同。有时候，用户掌握的产品信息甚至比企业还多，企业如果再用加法思维去整合用户的一切痛点，就变得不太可能。即便企业真有决心去整合，也需要耗费巨大的财力和精力，投入产出比不容乐观。在这样的背景下，企业经营者用加法思维做产品就会越来越难，企业难以通过产品实现迈向第一的增长。

除此之外，罗马尼亚管理学家约瑟夫·M.朱兰提出一条管理学原理——二八法则，揭示了一个商业规律：少数决定多数。在企业里，20%的员工创造80%的业绩，20%的用户贡献80%的业绩，80%的利润来自20%的产品……二八法则告诉我们，企业在经营中抓住关键的少数员工、用户和产品等，就能达到事半功倍的效果。特别是全球经济将持续衰退的未来十年（2024—2034年），企业应改变经营思维和方针，从追求规模转向追求利润和现金流，保证度过未来三年（2024—2026年）的危机。企业应该把80%的时间和资源用在可以给企业带来80%利润的产品、用户和员工身上，千万不要把时间和资源浪费在"捡芝麻"上，否则未来几年企业不仅无法获得增长，连活下去都很难。

不管是时代的巨变，还是商业规律，都在告诉我们：经营企业要从加法思维转变成减法思维，用减法思维做产品。所谓减法思维，就是企业在做产品时，遵循少即是多的原则，减少产品的品类、品牌等，把时间和资源聚焦在能带给企业80%利润的产品上。史蒂夫·乔布斯做出 iPhone 手机就是减法思维的典型代表。

1997 年 7 月初，苹果在连续四个季度的亏损后，以特约顾问身份进入企业的乔布斯开始接管苹果。当时，苹果的产品线极其宽泛，从喷墨打印机到牛顿掌上电脑，有 40 多种产品，且不同型号产品之间的差异很小。为了改变这一现状，乔布斯毅然选择砍掉 80% 的产品线，重点开发 4 款产品，其中就有 iPhone 手机。产品减少了，企业的资源聚焦了，整个企业力往一处使，最后才成功研发出用户回购率最高的 iPhone 手机，而苹果也依靠 iPhone 手机扭亏为盈，迅速增长至全球标杆企业。

乔布斯可谓是将减法思维运用到极致，这种删减旁支产品，集中企业所有时间和资源聚焦在核心产品上的做法，是乔布斯领导的苹果登上巅峰的不二法门。

从企业的角度来看，对产品做减法，看似是减掉了可以带来些许利润的产品，实际上却是在降低企业的开发和运营成本，在有限的时间和资源条件下为企业增值；从用户的角度来看，企业的产品越多，用户面临的选择也就越多，选择就越难做，产品就越难成为用户的第一选择。所以，今天的企业在做产品时，要从加法思维转变成减法思维，用减法思维做产品。只有这样，产品才有可能成为用户的第一选择，才能给企业带来增长。

道理和逻辑很简单，企业经营者只需要改变一下思维方式即可，但在实际操作中要想实现这个转变是很困难的，因为这种思维方式是反人性的。人性是喜欢多的，贪多求全，所以企业经营者需要反复训练才能以减法思维做产品。

从今天起，我们可以试着换一个思路，不要考虑"什么还能做"，试着思考一下"什么能不做"，或许会有意想不到的惊喜。诗人泰戈尔说："有一个夜晚，我烧毁了所有的记忆，从此我的梦就透明了；有一个早晨，我扔掉了所有的昨天，从此我的脚步就轻盈了。"

**"四看"——锁定产品的"一"**

企业经营者用减法思维做产品的抓手是什么？答案是取舍，而且主要在于"舍"。取舍的最高境界是"舍九取一"。

什么是"舍九取一"？"舍九取一"是指企业经营者要舍掉不可能成为用户第一选择的产品，只留下一个能成为用户第一选择的产品，并且通过这个产品拿到"金牌"，这就是迈向第一增长背后的增长方法论。

企业经营者需要注意的是，"舍九取一"的关键在于，聚焦在一个能成为用户第一选择的产品上。《道德经》曰："道生一，一生二，二生三，三生万物。""舍九取一"的关键就在于这个"一"。

既然"舍九取一"的关键在于"一"，那么企业如何找到产品的"一"呢？

大多数人都有选择恐惧症。所谓选择恐惧症，就是在做选择时十分纠结，害怕做出错误的选择。想想我们每天中午点外卖时的场景，有人会耗费一个小时的时间在琳琅满目的菜单界面上，纠结到底选择哪一家，吃什么菜？同样，很多企业经营者在做"舍九取一"时，总会面临抉择：哪些产品是应该舍掉的，哪个产品是企业的"一"？

做加法容易，做减法难。浅层次的加法达到"1+1=2"的效果，深层次的加法达到"1+1>2"的效果。而做减法，是要达到"2-1>3"的效果。企业经营者要找到那个能达到"2-1>3"的效果的产品，只需要看产品的四个指标，我把它们称为"四看"。

一看产品的销售额和利润率。企业经营者在选择产品时，首先要考察两个关键指标：产品销售额和利润率。产品销售额是指产品一共卖了多少钱，代表的是产品销售情况；利润率是指产品卖出后扣除成本总共赚了多少钱，代表的是产品的核心竞争力。企业经营者可以对所有产品从高到低进行排序，产品销售额和利润率都位于前列的产品就是能达到"2-1>3"的效果的产品。

二看用户的复购率。复购率是指用户对产品的重复购买次数。产品的复购率越高，说明用户对该产品的认可度和忠诚度越高，反之则越低。

三看竞争对手的产品。企业经营者要分析竞争对手的产品，比如对于同一款产品，如果竞争对手做得比自己好，那么这款产品不可能成为用户的第一选择。企业在选择能成为"一"的产品时，要避开竞争对手，与行业标杆错位竞争，千万不要在"关公面前耍大刀"。

四看产品的市值。企业经营者可以通过资本市场的市值或估值来判断产品的未来价值，如果该产品现阶段的销售额和利润率很高，用户的复购率也很高，但未来的市场空间很小，那就意味着该产品在未来不会成为用户的第一选择。

综合上述的"四看"，企业经营者可以对产品"舍九取一"，锁定自己的"一"。

## 打造第一，一金胜过十银

企业经营者对产品做减法，"舍九取一"，找到产品的"一"，就能让企业实现迈向第一的增长吗？肯定不是的。

### 要么唯一，要么第一

企业找到产品的"一"后，接下来要聚焦第一，打造第一。"舍九取一"的目的是让企业把能成为用户第一选择的产品做到第一。

为什么要成为第一？因为一金胜过十银。企业必须先拿到第一块金牌，然后才会有第二块金牌、第三块金牌……让产品做到要么唯一，要么第一，才是实现企业迈向第一增长的制胜之道。"成为唯一"，是指企业通过产品创新，让产品具有不可取代性；"做到第一"，是指让产品成为行业的领先者或者排头兵，让大多数用户主动购买，形成消费规模。

在小池塘里做大鱼，胜过在大池塘里做小鱼。企业把产品做到第一，其竞争力会体现在以下四个方面。

一是容易让用户记住。在大部分用户心中，企业的第一产品就是企业名片，能让企业在某种程度上代表某个产品品类，比如华为等于手机、格力等于空调、波司登等于羽绒服、红牛等于功能饮料等。当企业的第一产品成为企业名片时，用户很容易记住产品、记住企业。用户一旦需要购买某个品类的产品时，就会第一时间选择企业产品。

二是掌控定价权。第一产品的目标用户群体对产品的忠诚度较高,所以他们会忽略价格上的差异。比如华为手机的旗舰机比市场上其他国产手机的旗舰机价格都高,刚上市时甚至还溢价售卖,但用户依然心向往之。绝对的销量产生绝对的知名度,绝对的知名度产生绝对的定价权。

三是拥有压倒性的市场占有率。第一产品在市场占有率上具有压倒性的优势,其销量往往会远超同一品类的第二产品。比如,2020 年,羽绒服品牌波司登营收高达 134 亿元,位居行业第一,而行业前四中剩下的三个品牌鸭鸭、坦博尔、雅鹿,营收均在 25 亿元以下。

四是产品和利润成正比。产品知名度越高,利润就越高。比如方便面中的第一品牌康师傅,其净利润率一直保持在 10% 以上,远远高于第二产品、第三产品的净利润率。

总结成一句话,就是人的心智是先入为主且不可改变的,人最容易记住第一。企业只有把产品做到第一,才能成为用户的第一选择。

### 打赢"两战"

当然,企业要想让产品从众多选择中脱颖而出、成为第一,并不容易,那是否有迹可循呢?根据我的实践经验,要打造第一产品,企业要打赢"两战"。

企业要打赢的第一大战役是"歼灭战"

什么是"歼灭战"?它的意思是集中火力猛攻,运用到产品上,就是企业要把一切资源聚焦在一个产品上。企业在锁定了能成为用户第一选择的产品后，接下来要集中所有的人力、物力、财力在这款产品上。只有"力出一孔"，才能实现"利出一孔"。

在实际的企业经营中，企业在还很弱小的时候，尽量不要追求"全面开花"，要把有限的火力集中起来，先把一个产品做到细分领域的第一，然后再做第二个，一步一步来，直到成为头部企业。

我以辅导过的一家化妆品企业为例，来证明这一方法的实效性。这家化妆品企业在创立之初，依靠两款王牌产品实现了快速增长，在行业内小有名气。后来，随着产品销量越来越高，许多经销商、代理商开始反馈产品种类太少，要求该企业推出新产品。创始人听从了它们的建议，开始大力研发各类新产品。五年内，该企业的产品从两款增加到 20 款，最后是 50 款。由于企业把人力、物力、财力都用来研发新产品，导致两款王牌产品的创新及品质跟不上时代发展的需求，最后的结果是到了 2013 年，这家企业的产品越来越多，但企业不但没有增长，利润反而越来越薄。

2014 年，这家企业的创始人通过学习，体悟到"产品不是做多，而是做少"的真谛后，所做的第一件事就是给产品做减法。创始人带着高管把产品从 50 款砍到 5 款，并锁定其中一款面膜作为新王牌产品。接下来，企业把所有的资源都用在这款产品上，用最好的人才来做这款产品的研发、生产和营销等工作；把企业 80% 的钱都花在这款产品上，从国外购买了顶尖的原材料用来制作产品；等等。一年后，该企业的创始人兴奋地打电话告诉我，企业的利润增长了 3 倍。后来，我听说这款王牌产品 7 年来一直是这家企业用户复购率最高的产品，在最高峰时，这款产品在定价比竞品高 4 倍的情况下仍然供不应求。

春秋时期法家代表人物管仲在《管子·国蓄》中写道："利出于一孔者，其国无敌；出二孔者，其兵不诎；出三孔者，不可以举兵；出四孔者，其国必亡。"企业打造第一产品也是同样的道理，企业只有把所有的"力"都使在某一款产品上，才有可能让这款产品脱颖而出，"利出一孔"。

企业要打赢的第二大战役是"品质战"

企业要打造第一产品，一个最基本的逻辑就是品质要做到第一。品质是用户价值的第一个基本面，它关系到用户的切身利益。我们可以回想一下自己作为用户的体验，当我们要购买产品时，第一个要求是什么？答案肯定是品质。

如果到现在为止，还有企业经营者试图通过假冒伪劣产品等方式让企业获益，那么这样的人也不会购买本书。之所以愿意购买本书并阅读，是因为他怀着能够让企业长期、可持续增长的初心。纵观商业史，世界上所有成功的企业都是建立在优良的产品品质的基础之上的。而且，企业不能为了品质而提升品质，而是要围绕用户价值提升品质。

那么，企业要如何把能成为用户第一选择的产品品质做到第一呢？

企业要把产品品质做到第一需要多维度发力，在这里我主要分享三个关键点——品质的"三全"，如图 2-3 所示。

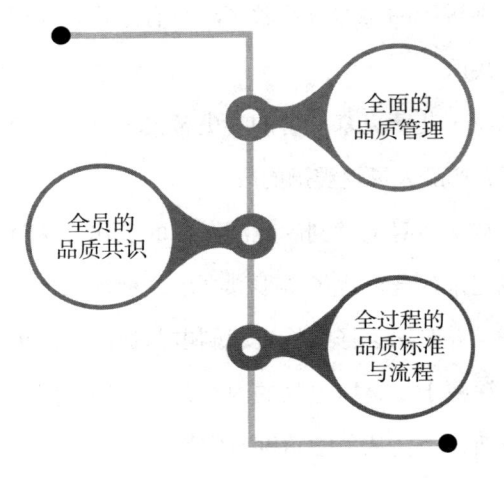

图 2-3　品质的"三全"

全面的品质管理和全过程的品质标准与流程，涉及的内容很多，展开来说可能有一本书的体量，因此本书重点阐述全员的品质共识。

很多企业经营者认为产品品质来自基层，品质没有做好，是因为基层员工没有做好。我经常看到很多经营者在产品品质出现问题后，对着基层员工大发雷霆。事实上，责任就在"主席台"，企业经营者是什么样的人，就会带出什么样的人。

海尔的张瑞敏曾经砸了 76 台冰箱，三星的李健熙曾怒烧 15 万台手机。为什么他们要这样做？因为这些产品的品质出现了问题。企业产品品质的好坏首先取决于经营者的品质意识。要让企业全员对品质达成共识，企业经营者首先要重视产品品质，所有的决策都以产品的品质为基础。做到这一点后，企业经营者再开始从上到下地进行品质的宣传教育。只有这样，才能真正地达成全员的品质共识。

在沃尔特·艾萨克森所著的《史蒂夫·乔布斯传》中，记载了一个让所有产品人灵魂震颤的故事。

乔布斯从父亲身上学到的充满激情的工作方法就是，要确保即使是隐藏起来的部分也做得很漂亮。这种理念最有说服力的例子之一就是，乔布斯会仔细检查印刷电路板。电路板上有芯片和其他部件，深藏于麦金塔电脑的内部，没有哪个用户会看到电路板，但乔布斯还是会从美学角度对它进行设计。一名新手工程师质疑乔布斯，说："这有什么关系，只要机器运行起来就行了，没人会去看电路板。"乔布斯的反应和往常一样，说："我想要它尽可能地好看一点，就算它是放在机箱里面的。优秀的木匠不会用劣质木板去做柜子的背板，即使没人看到。"几年后，在麦金塔电脑上市后的一次访谈中，乔布斯再一次提到了当年父亲对他的教导："如果你是一个木匠，你要做一个漂亮的衣柜，你不会用胶合板做背板，虽然这一块是靠着墙的，没人会看见。但你自己知道它就在那儿，所以你仍会用一块漂亮、结实的木头去做背板。你如果想晚上睡得安稳的话，就要保证外观和质量都足够好。"

这样的想法在乔布斯回归苹果后得到了实践——产品整体被直接展示在用户眼前。1998年，用户第一次看到iMac G3的果冻色透明外壳，看到内部精致的电路板结构时，被震撼了。怎么会有这样的产品？那种难以想象的精致告诉用户，这款产品跟其他所有电脑都不一样，这就是这个世界上用户最想拥有的产品。

这种敏感力在每个领域出类拔萃的人才身上都能看到。很多人都听说过，日本的"寿司之神"小野二郎不仅会给章鱼按摩，还会根据客人的性别来决定握寿司的手法。他在工作时甚至不跟男性握手，因为男性的体温要比女性高一些，他担心握手以后再去捏寿司，会导致寿司的口感不好。

这些出类拔萃的人才对产品品质精益求精到如此极致的程度，而且能找出令人信服的解决之道，着实令人敬佩。只有对细节的敏锐感知和对完美状态的孜孜以求，才能实现真正的极致，创造出超凡的产品。

"品质战"是企业的一场持久战，不是喊口号，也不是一段时间的突击检查之后就恢复正常，而是要彻底改变企业的品质理念和品质行为，以第一产品品质为标准，持续为用户创造价值，打造企业核心竞争力。

总结一下，企业对产品做加法其实很简单，因为企业有着处理不完的需求和场景。但是做减法往往很痛苦，因为心存疑虑的利益相关方都会出面阻止。而想要打造第一产品，企业经营者必须学会做减法，"舍九取一"。

企业经营者或管理者可以梳理一下自家企业的产品，会发现企业无法增长，很可能不是因为自己做得太少，而是做得太多了。《小王子》的作者安托万·德·圣-埃克苏佩里说："完美无缺，不是增无可增，而是减无可减。"

## 乘法：销量倍增

"加减乘除法"中的乘法是指企业要提高产品的销量。企业在对产品做了加法，增加了产品的价值和提高了产品价格的同时，对产品做了减法，"舍九取一"，把产品打造成细分品类里的第一，是否意味着企业就能增长了呢？

答案是不一定。企业还要对产品做乘法，想办法提升产品的销量，让产品有十倍级、百倍级的销量，实现产品的销量倍增。

### 打造"三级跳产品"

企业可以通过打造"三级跳产品"让产品的销量倍增。何谓"三级跳产品"？所谓"三级跳产品"，是指企业通过打造三个产品让企业的产品销量倍增，如图2-4所示。

| 亿级产品 | 十亿级产品 | 百亿级产品 |
|---|---|---|
| 一个单品做到一年一亿元的收入 | 一个单品做到一年十亿元的收入 | 一个单品做到一年百亿元的收入 |

图 2-4　让产品销量倍增的"三级跳产品"

下面，我将通过一个案例来诠释企业通过打造"三级跳产品"让产品销量倍增的逻辑。

"你的能量超乎你想象"，这一句广告词想必大家耳熟能详。

1995年，中国红牛从0到1地开创了中国功能饮料这一新品类，从此成为中国饮料行业的一个现象级产品。2022年，中国红牛迎来在国内市场深耕细作的第28个年头。在中国饮料行业，20世纪末叱咤市场的饮料品牌中，经过近30年的大浪淘沙，能屹立不倒的已是少见，能持续实现迈向第一增长的更是凤毛麟角。中国红牛克服重重困难，28年累计产值超过2 500亿元，最高时曾一度占据了中国功能饮料80%的市场份额。

我们来看看红牛是如何成为百亿级产品，实现迈向第一增长的。

20世纪70年代，泰国商人许书标发明了KratingDaeng（泰国产红牛）。后来，许书标遇到华彬集团的创始人严彬，两人决定合作。严彬几度实地考察，几番深入谈判，成功牵线中泰企业合作，这才有了中国红牛。1995年12月25日，中国红牛正式创立。

中国红牛从创立之初就将价格定为6元一瓶，144元一箱。这在20世纪90年代是一个非常高的价格，一瓶红牛相当于普通工薪阶层一天的工资。因此，1996年进购红牛的客商的业绩都很惨淡，有的客商甚至连一箱都没卖出去。1996—1997年，中国红牛亏损严重，甚至有股东怀疑中国红牛的发展前景，开始退股。但严彬始终认为价格并不是造成红牛销量惨淡的原因，真正的原因是红牛没有做好市场培育，从而导致中国市场对红牛的接受度低。于是，严彬亲自开着压路机将不合格和过期产品全部销毁，开始了紧锣密鼓的市场培育之路。

首先，严彬要找到用户最真实的需求。当时往返香港和深圳的出租车司机很多，他们工作繁忙，常常为了多赚一点钱而长时间开车。严彬发现这个机会后，对中国红牛的配方进行了调整，保留了一些配料，使中国红牛成为具有保健功效的液体维生素饮料。严彬将改良过的红牛创造性地命名为"红牛维生素功能饮料"，以体现出中国红牛的功能性。这款饮料推销给出租车司机后，深受出租车司机的喜爱。严彬的创举直接为中国饮料行业开创了一个全新品类——能量饮料，用户很快接受了这个具有提神醒脑功效的饮料，中国红牛也迅速占领了中国最早一批专业司机和白领的心智。

其次，严彬展开了猛烈的营销攻势。他在深圳多个核心地段设置户外广告牌，并在春晚投放亿元广告，将广告词定为"红牛来到中国"。很快，中国红牛就被国人熟知，拥有了一定的知名度。

最后，严彬对中国红牛的产品包装进行了研发升级。为了让中国红牛的外观更符合中国人的审美，严彬和包装供应商伙伴进行了多次研发，仅包装颜色就试了41次，易拉罐拉环更是试了数十万次，最终确定为非常有质感的小金罐。严彬还把中国红牛的工厂迁到北京，在北京怀柔区建立了生产基地，抓住了北京市早期招商引资的机遇，得到了诸多优惠条件，为红牛后期销往全国奠定了基础。

中国红牛的成功不是偶然。产品如琴、品牌如声、运营如指，三者紧密结合，最终将中国红牛打造成百亿级产品。公开资料显示，2012年，中国红牛在中国的销量第一次超百亿元，成为百亿级产品；2014年销售额突破200亿元大关，实现两年翻倍；2014年以后，中国红牛的年销售额稳定在200亿元左右；2021年，中国红牛的订单额锁定在218亿元，交货额为221亿元，同比增长4%。

2021年是中国红牛饱经风霜、站稳脚跟的第27个年头，与所有企业一样，也面临着百年未有之大变局，同样需要在动荡中不断前进。中国红牛既要不断突破困境，也要在功能饮料市场中迎接其他新兴品牌的崛起之势。在500亿功能饮料行业竞争日益激烈的赛道中，它要如何继续扛起大旗？

中国红牛采用的产品策略是数字化赋能产品，这是中国红牛实现逆势增长的一条出路。2021年，在拥有强大用户基数的前提下，中国红牛借助"一物一码"，推出"牛年扫红牛，好奖码上有"的促销活动。中国红牛通过扫码活动得到大数据并对其分析，了解到忠实用户的消费习惯和区域分布，这不仅可以帮助营业单位更好地对终端市场进行分析、管理，还可以通过深度挖掘数据的手段，用科技和数据助力提高服务终端网点的效率，提升服务用户水平。通过一系列促销活动，中国红牛不仅加强了与用户的互动，还提高了产品销量。

在增长这条路上，中国红牛似乎从来都是铆足劲头往前冲。推动中国红牛在28年的时间内持续增长，从0到1，从一个名不见经传的产品到亿级产品、十亿级产品、百亿级产品的因素有很多，上面只是我从产品销量倍增这一维度做的一些分析。

## 提升产品的"三率"

通过中国红牛的案例,我们可以清晰地看到企业通过打造"三级跳产品"让产品销量倍增,从而实现迈向第一的增长。那么,企业要如何打造出"三级跳产品"?它背后的方法论是什么?

企业要想打造"三级跳产品",就要提升产品的"三率",即市占率、复购率、推荐率。

### 市占率

企业要打造"三级跳产品",就要提升的"第一率"是市占率。

市占率也称市场份额和市场占有率,是指一家企业的某一款产品在同类产品市场销售中的占比。一个产品的市场份额越大,竞争力就越强,就越有可能成为"三级跳产品"。

例如,中国红牛在打造"三级跳产品"的 20 多年里,市占率近 40%~60%。不过,从 2019 年至今,中国能量饮料竞争格局有些变化,中国红牛的市占率略微有所下降,如表 2-1 所示。2015 年,中国红牛占据国内能量饮料市场 57.2% 的份额,而到了 2020 年,其市场份额为 41.2%,也就是说近五年在下降,减少了 16% 的份额。虽然中国红牛的市占率在下降,但这些数据只不过是市场竞争态势的冰山一角。无论企业身处哪个行业,竞争都很激烈,起起伏伏很正常。到现在为止,中国红牛依然稳坐第一把交椅。至于未来是什么样,谁也无法确定。

表 2-1　2015—2020 年中国能量饮料行业市场份额变化

| _____2015 年_____ ||| _____2020 年_____ |||
|---|---|---|---|---|---|
| 排名 | 品牌 | 能量饮料市场份额（%） | 排名 | 品牌 | 能量饮料市场份额（%） |
| 1 | 红牛 | 57.2 | 1 | 红牛 | 41.2 |
| 2 | 乐虎 | 12.2 | 2 | 东鹏 | 16.9 |
| 3 | 中沃 | 10.6 | 3 | 中沃 | 14.9 |
| 4 | 东鹏 | 5.3 | 4 | 乐虎 | 13.3 |

数据来源：欧睿—前瞻产业研究院整理。

**复购率**

企业要打造"三级跳产品"，就要提升的"第二率"是复购率。

复购率是指用户重复购买企业某一款产品或服务的次数。产品的复购率越高，说明用户对产品的忠诚度越高，产品的销量就越高，就越有可能成为"三级跳产品"。苹果就是通过提升 iPhone 手机的复购率，使手机销量倍增，成为当时世界上市值最高的企业。

整体而言，企业进行产品销售不外乎两种途径：一是把产品卖给老用户；二是把产品卖给新用户。企业在提高产品销量时，要永远记住一点：留住老用户对企业来说至关重要。这是因为开拓新用户的成本非常高。以汽车 4S 店的用户为例，假设每年的用户流失率为 20%，五年后剩下的用户已不足最初的 1/3。最大的问题是，4S 店的规模在不断扩大，人员也在不断增加，如果必须保持业务规模的话，那么在用户流失的情况下，必须不断拉新。市场上有这样一个被实践验证过的数据：吸引一个新用户的成本是留住一个老用户所需成本的 4~5 倍，即如果留住一个老用户需要 1 元，那么吸引一个新用户就需要 4~5 元。也就是说，企业往往一边在流失低成本的用户，一边在努力获得高成本的用户。

我一直强调要减少老用户的流失，这一点非常重要，也是企业增长时容易忽视的一点，否则企业的高歌猛进很容易变成昙花一现。

**推荐率**

企业要打造"三级跳产品"，就要提升的"第三率"是推荐率。

推荐率是指用户购买、使用完企业的某一款产品或服务后，推荐给其他用户来购买该产品或服务的次数。产品的推荐率越高，说明产品的用户价值越高，产品的销量也会越高，就越有可能成为"三级跳产品"。

例如，有一家 To B 企业就是通过提升推荐率来实现迈向第一增长的。这家企业在每次服务结束时，都会向用户提出一个问题：你是否愿意把我们的产品或服务推荐给其他人？该企业还要求用户在"非常愿意""愿意""不愿意"这三个选项中选一个符合自己内心真实想法的答案。该企业对这三个选项赋予不同分值，比如选择"非常愿意"得 8~9 分，选择"愿意"得 5~7 分，选择"不愿意"得分则在 5 分以下。

然后这家企业会统计出选择"非常愿意"的人数占比，用它减去选择"不愿意"的人数占比，得出一个能与企业增长成正比的指标——NPS（净推荐率）。净推荐率越高，企业增长越快。

这家企业为什么会这样做呢？这是因为这家企业曾经做过一项调查，调查企业用户是从什么渠道了解这家企业的，然后惊讶地发现，除了少部分用户是从网上了解到企业信息的，大部分用户几乎都是在与他人的交流中，听过该企业的名字。然后，这些用户在需要相关服务或产品时，会第一时间想到这家企业。基于此，这家企业将80%的财力投入提升用户价值，最终取得了不错的效果。

### 提升"三率"的"牛鼻子"

说到这里，很多企业经营者可能会提出新的问题："如何提升产品的'三率'？"

事实上，我们通过前面的内容就可以窥探一二。企业要提升产品的"三率"，可以通过加法来增加产品的价值，提高产品的价格，并通过减法来"舍九取一"，打造第一产品。除此之外，企业还要在营销技巧、渠道上发力。

这里我主要分享一个关键方法，也就是抓住提升产品"三率"的"牛鼻子"——企业经营者要成为产品的"360度用户体验官"。什么是"360度用户体验官"？它指的是企业经营者或高层管理者要亲自体验产品的效果及服务，成为企业产品的"第一体验官"。

企业经营者要成为"360度用户体验官"，要从两个维度着手。第一个维度是企业经营者要全方位、全流程地试用企业的产品。比如：餐饮企业的企业经营者要当食客，品尝餐厅里的每一道菜，体验服务流程；制造企业的企业经营者就要亲自试用产品，看看产品到底好不好用。如果企业经营者从来都没有试用过自家企业的产品，成为产品的用户，那么他对产品的价值、品质等又有什么发言权呢？

第二个维度是企业经营者要始终贴近一线，深刻洞察用户微妙的变化。许多企业遇到的最大挑战是企业越做越大，却离用户越来越远。我倡导企业经营者、管理者走向三个"前线"：用户前线、员工前线、生产前线或市场前线。

很多人不理解，李践是上市企业的董事长，为什么还要亲自授课？我是集团营销与教学副总裁，为什么还要亲自带班当班主任？我们之所以这么做，就是为了更贴近用户、员工和市场，只有这样才能更准确地把握产品效果、产品质量、用户需求、员工需求和市场需求等。事实上，我们只要纵观四周，就会发现凡是成功的企业经营者都会始终贴近一线。比如：华为创始人任正非如今已经近80岁了，依然奋斗在一线，和市场人员一起"打天下"；京东刘强东每年都会在固定时间段骑着电动车送快递；等等。

企业经营者要以用户的心为心，这里的"心"是指要亲自感知用户的心，以心换心。我始终倡导企业经营者一定要成为产品的"360度用户体验官"，做到以用户的心为心，真正深刻地理解用户的第一选择。

我们经常能看到很多企业为了增加产品销量，在产品的营销技巧和推广渠道上下足了功夫，结果是要么做好了产品营销，短时间内提升了产品的销量，一旦停止营销，销量就下降了；要么花了很多钱打广告，不但浪费了人力、物力、财力，产品的销量也没上去。这就是因为没有抓住提升"三率"的关键点——提升产品的用户价值是因，营销方式和推广渠道是过程，产品销量倍增是果。

总结一下，企业要用乘法提升产品十倍级、百倍级的销量，实现产品的销量倍增。方法是打造"三级跳产品"，而打造"三级跳产品"的前提是提升产品的"三率"，提升产品"三率"的关键点是提升用户价值。因此，企业实现产品销量倍增的秘诀是提升用户价值。

## 除法：摒弃急功近利

"加减乘除法"中的除法是指去除和摒弃。企业在打造成为用户第一选择的产品时，要去除和摒弃急功近利的心态，坚守长期主义，不妄想产品一夜爆红。好产品一定是时间的礼物，会取得长期主义的胜利。

长期主义如今已经成了企业宣传稿、论坛主题、企业经营者演讲的标配热词。但如果我认真地问："什么是长期主义？如何做才算是践行长期主义？"大部分人会说："只可意会，不可言传。"

### 做难而正确的事

大部分人理解的长期主义就是坚持。比如：坚持用户第一，将用户的利益放在首位；坚持做好产品，不用各种噱头博人眼球；

等等。但如果坚持就是长期主义的内核，那么长期主义者就是我们身边那个一辈子没发财、没升官的老好人。

对于长期主义，不同的人有不同的理解。

罗振宇在题为"时间的朋友"跨年演讲中这样解释长期主义："长期主义是在时间累计中获得的复利，能让人收获奇迹。一个人如果有了长期的确定性，就能对抗外界的不确定性。有了长期并且能坚持的目标，外界的资源就能够被个人整合。"

我所理解的长期主义是坚持做一件正确的、有价值的事，也就是做难而正确的事。长期做好产品的品质，提升用户价值是正确的事吗？是的。难吗？非常困难。人性是急功近利的，企业要挑战人性是非常困难的。

在亚马逊还名不见经传的起步阶段，它的创始人杰夫·贝佐斯曾致电沃伦·巴菲特，问道："你用长期主义做投资，这个道理很简单，你做得也很成功，但人们为什么不做同你一样的事情？"

巴菲特答："因为没人愿意慢慢变富。"

这句话很朴实，但一语中的。是的，没有人愿意慢慢变富，大多数人追逐的都是快进快出的快速获益。所以我们经常能看到一些企业迅速成立，迅速上市，迅速退出，其目的就是在短期内实现利润最大化。

如果再深入思考：为什么大多数企业经营者不愿意在一个产品上花大量时间？这是因为人性本懒，当别人分享的成功秘诀是"一抄二改三研"时，有的人发现"抄"是捷径，短时间内就能赚钱，所以他不愿意花时间去"改"和"研"。人性就是急功近利的,"抄"起来最快,而"改"和"研"都需要静下心来,需要头拱地地做研究,有的人不想这么辛苦。既然人性是急功近利的,那么我们为什么要做产品的长期主义者?

因为只有长期主义者,才能取得最后的成功。而非长期主义者只能得到偶然的成功,然后在一次次基本概率事件的调整中,归于平庸。

顶尖高手都是长期主义者。巴菲特信仰价值投资,借助数十年复利的力量,成为投资领域受人敬仰的一代宗师;贝佐斯带领亚马逊,以长期价值为中心,坚持用户至上,成为全球市值最高的企业之一;任正非带领华为,以客户为中心,以奋斗者为本,坚持艰苦奋斗,打造出中国科技领域最闪亮的名片之一……

## 长期主义方法论

既然长期主义是打造成为用户的第一选择的产品和商业成功的必然条件,为什么大多数企业经营者做不到呢?

长期主义绝不仅仅是一种价值观,不是我们只要相信就行了,长期主义是一个非常难掌握的方法论。价值观只要我们践行就行,但方法论需要一定的智慧和逻辑,不是我们想达成就能达成的。企业经营者坚守长期主义,可以从两个维度着手。

**识别事物在时间线上的走向**

一个真正的长期主义者,要能识别事物在时间线上的走向,学会"取势",知道事物下一步会往哪个方向发展,只有这样才能长久地在正确的道路上坚持走下去。比如,企业在 2022 年选择做一款产品，而做这款产品需要 3～5 年的时间，企业努力地增加这款产品的价值，做到"舍九取一"，5 年后，终于把这款"完美"的产品做出来了，却发现用户已经用不上这款产品。这就是企业经营者在做产品时，有长期主义精神，却没有识别事物在时间线上走向哪里的问题。越坚持，企业就会错得越离谱。失之毫厘，差以千里。虽然开始时相差很少，但最终结果却是天壤之别。比如飞行员只是将飞机的飞行方向调整 1 度，飞机飞行 12 个小时后降落的目的地，可能和预期降落的地方相差几千公里。

长期主义者不仅要是一个能坚持、耐力足的犁地"老黄牛"，还要在犁地之前选对地方，不然可能勤勤恳恳地犁完一片地，最后发现犁的是别人家的地。长期主义者不能寄希望于在努力的过程中改变方向，而是先判断未来发展方向，再像"傻子"一般努力。

### 坚持做"长半衰期"的事

"半衰期"是物理学上的一个概念，是指放射性元素的原子核有半数发生衰变时所需要的时间。在生活中、事业上有许多"短半衰期"的事情，"短半衰期"的事情能给我们快速带来影响和刺激，但这种影响和刺激很快便会消退，比如看一部电影、刷一条短视频等。

而做"长半衰期"的事，可能当下不一定能给我们带来巨大的刺激和影响，但却能在之后的几个月里，甚至几年里，依然影响着我们。比如我们花一个小时的时间和朋友坦诚沟通，互相交换彼此对这段友情的想法，而这一个小时的沟通最终影响了我们和朋友一辈子的相处模式。还有许多"长半衰期"的事情，比如认真阅读一本书、学一门语言、背一个公式等。做这些事情对我们有益，并且会持续影响我们今后的工作、生活。

长期主义要求企业做"长半衰期"的事情，将时间花在那些能够让产品为用户持续带来价值的事情上，比如进行产品创新、研究用户的新需求等。企业在习惯做"长半衰期"的事情后，便能轻易衡量哪些事能给企业带来长期价值，哪些事能满足企业短期的欲望，以终为始，静下心来做自己认为正确的事情，不会盲目跟风做产品，也不会追求潮流做产品。

任何一个奥运冠军的成功都不是一蹴而就的，至少需要8年的艰苦训练。产品的技术、包装工艺等企业都可以复制，唯独时间是企业复制不了、跨越不过去的，这是一个硬道理。所以，要想让产品持续成为用户的第一选择，企业要经得起诱惑，忠于用户价值。

所有的长期主义者，都会收到时间的礼物。人的努力，在长期主义的复利下，会积累成奇迹。

## 本章作业

| 作　业 | 完成情况<br>（完成打√） |
| --- | --- |
| 写出企业产品价格和最大的功效。 | ☐ |
| 把企业所有的产品、品牌、品类都写出来，然后通过"四看"来"舍九取一"。 | ☐ |
| 为企业的第一产品制定提升"三率"的措施，打造"三级跳产品"。 | ☐ |
| 内省自己的起心动念，想一想做产品时是否急功近利？ | ☐ |
| 按照书中的"加减乘除法"坚持做产品2～3年，根据数据判断产品是否成为用户的第一选择？ | ☐ |

## 第三章
# 选择第一用户

在企业的经营活动中,用户增长直接影响到企业的发展,是企业增长的命脉。"现代管理之父"彼得·德鲁克说:"企业唯一的使命就是创造顾客。"从某种意义上看,企业增长的本质之一就是用户的增长。企业所有的产品、服务、品牌也好,渠道建设也罢,都是为了创造更多的用户。

德国军事理论家卡尔·冯·克劳塞维茨在《战争论》一书的开篇中就指出:"任何理论首先必须澄清杂乱的,或者混淆不清的概念和观念。只有对名称和概念有了共同的理解,才能清楚而顺利地研究问题,才能与读者站在同一立足点上。"要解决用户增长的问题,企业经营者首先要弄清楚用户增长的真正概念。

很多企业经营者把用户增长理解为用户数量的增长,把重点放在拉新、促活、留存等用户运营环节上。如果企业的用户运营岗位如此理解用户增长的含义,也不算偏颇。但本书及第一增长法强调的都是站在企业的角度来理解增长,对用户增长的理解也是如此。

站在企业的角度和用户的角度来看，用户增长强调一切要以用户为中心，基于用户价值提升，关注成就用户的指标。

很多企业之所以认为用户增长难，最大的原因是没有用户思维，没有以用户为中心。例如，我们生活中经常用到的插排，通常一个插排上面有很多个插口，但是每个插口距离很近，当用户同时使用几个插口的时候，经常会出现相互排挤的问题。就是这样一个显而易见的痛点，却存在了许多年。

国货品牌公牛前几年的插排设计也比较传统，用户在使用插排时也会出现几个插口相互排挤的问题。近几年，公牛在插排的外观设计上有了非常大的进步，不仅使其颜值在线，还在功能上从用户的使用痛点着手。比如，为了解决用户使用插排时拥挤、不美观的痛点，公牛设计了一款 mini 收纳盒插座。这款插座采用 L 型的插排，顶部是三个五孔插口，从间距来看，孔位的距离很合理，完全符合用户的使用要求。合理的布局，让插头之间互不排挤，同时可以收纳界面凌乱的线材，让界面保持整洁。这就是以用户为中心的体现。公牛集团发布的 2022 年上半年业绩报告显示，公牛集团 2022 年上半年营业收入约 68.38 亿元，同比增加 17.5%。

如果企业能够以用户为中心，解决用户的痛点，提升用户价值，成就用户，那么用户增长是水到渠成的事。这意味着，成就用户是因，企业增长是果。企业要种善因，才能得善果。任何以损害用户价值来获取商业价值，实现用户增长的成功，必然不会长久。

企业用什么样的策略才能实现用户增长呢？

答案是选择第一用户。用户增长的策略重点落在"选择"二字上。每当我讲到这个观点的时候,就会有企业经营者(特别是中小企业经营者)质疑:"在获客如此艰难的情况下,企业每天都在生与死的边缘挣扎,对于那些打着灯笼都难找的用户,为何还要做选择?企业,特别是中小企业,有选择用户的权利吗?"

对于这样的疑问,我要立场坚定地告诉大家:不仅用户有选择企业的权利,企业也有选择用户的权利。到底什么样的用户才是企业的用户?企业应该与什么样的用户"一生一世"绑定在一起?企业应该成就什么样的用户……这些都是选择题,而且是"第一选择题"。什么是"第一选择题"?"第一选择题"就是最重要的选择题。

大卫·麦肯兹·奥格威是奥美广告的创始人,被称作"现代广告教皇"。在创立初期,作为一家名不见经传的小企业,奥美是否对用户来者不拒了呢?事实是奥美平均每年要拒绝59个用户。对于拒绝的原因,奥格威在《一个广告人的自白》里是这样解释的:"我从来不想揽那种很大的客户,因为一旦失掉这样的客户,后果是我承受不起的。要是揽到了这样的客户,从我给他做广告的头一天起,我就不得不战战兢兢地过日子。一个广告公司如果被吓得失魂落魄,就失掉了坦率提出意见的勇气,而一旦我失掉了这种勇气,我也就变成低贱的奴才了。"

奥格威对于客户的选择有自己的十大标准:

- 来找奥美做广告的客户的产品必须是令客户引以为傲的——

客户的产品必须好。
- 除非奥美确信自己会比客户的上一家广告企业干得更出色，否则奥美不接受聘用——自己有能力做得好。
- 奥美谢绝产品的销量长期下降的客户——不做产品不好的客户的合作伙伴。
- 搞清楚可能成为奥美客户的广告主是不是希望自家公司有利可图，是很重要的——不能因给客户过分的服务而使自己破产，也不能因轻率服务而丧失业务。
- 如果一个客户看起来于奥美而言无利可得，那么其能促使奥美做出出色的广告吗——除了利润，发展机会也是选择客户的标准之一。
- 接受一个客户之前要弄清楚，奥美是否确实可以和其愉快地相处——价值观是否匹配。
- 谢绝把广告看成全部营销活动中的边际因素的客户——对广告有正确认知。
- 不接受产品实验室测试还未完结的客户——客户的产品要接受验证。
- 千万不要选择某某"协会"为客户——目标和事太多，钱则太少。
- 提出额外条件的客户——业务聚焦。

基于以上选择客户的十大标准，奥格威拒绝了很多知名企业，比如他曾经拒绝受邀去竞争福特汽车的埃德塞尔型汽车广告业务。

他给福特汽车写信说:"您的广告预算是我全部营业额的一半。这要保持我们咨询的独立性就很难办到。我们如果参与了对埃德塞尔型汽车广告业务的竞争,而且得到了这份业务,那么奥美广告公司就已经和埃德塞尔型汽车一起翻掉了。"

按照选择客户的标准,奥美每两年才增加一个新客户。对于已经选择的客户,奥美会把企业所有的资源都聚焦在这些客户身上,服务好每一位选择了的客户,提升客户价值。按照这个逻辑,奥美在创业初期(创立于1947年)就成为广告行业家喻户晓的品牌,到现在成长为在包括中国在内的50余个国家、有300多个分支机构的世界上最大的广告企业之一,这在很大程度上是因为它遵循了选择客户的标准。

企业每增加一个用户,就会消耗一定的资源,而无论是财力、人力还是物力,这些资源对于企业来说都是有限的,这决定了企业不可能什么都做,不可能赚到所有用户的钱。老子在《道德经》里提到"知止不殆",其意思是知道适可而止的人,就不会遇到危险。企业懂得选择用户、拒绝用户,是一种大智慧。

那么,企业要选择什么样的用户呢?

以终为始,企业要实现迈向第一的增长,当然要选择第一用户。什么是第一用户?简单来说,就是对企业最重要的用户。有的企业把第一用户说成大客户,有的企业把第一用户说成A类用户。那么,谁才是企业的第一用户?企业用什么样的标准来选择第一用户呢?

我对自己15年的企业培训教育经验、实践方法进行萃取、归类，总结出"第一用户选择四象限"，如图 3-1 所示。

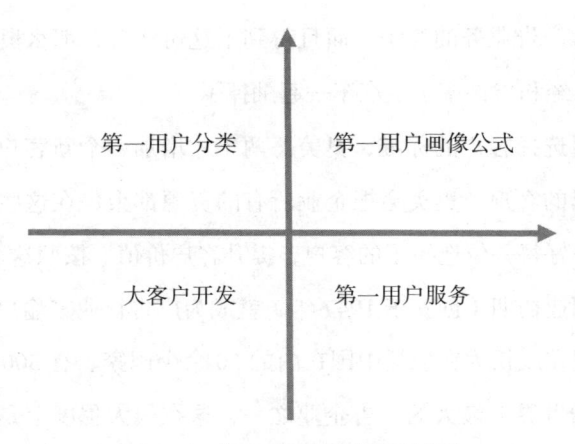

```
           ^
           |
   第一用户分类  |  第一用户画像公式
           |
-----------+------------>
           |
   大客户开发  |  第一用户服务
           |
```

图 3-1 "第一用户选择四象限"

## 第一用户画像公式：谁是你的第一用户

企业选择第一用户的第一象限是第一用户画像公式。

在课堂上，我经常会问企业经营者："你的用户是谁？"听到最多的答案是："对我们产品有需求的人都是我的用户。"按照这个思维逻辑，每个人都需要喝水，那么每个人都是瓶装矿泉水企业的用户；每个人都需要吃饭，那么每个人都是方便食品企业的用户。

对吗？显然不对。每个人都需要喝水，但有的人一年只购买 1～2 次瓶装矿泉水；每个人都需要吃饭，但有的人终其一生都不会购买方便米饭类食品。所以，如果企业经营者认为只要对企业生产的产品有需求的人就是企业的用户,那就等于没有用户。

千万人"撩"你,不如一人"懂"你。企业的产品或服务无法满足所有人的需求,企业的时间和精力有限,也不可能让所有人都感到非常满意。所以,企业要找到那一个真正"懂"自己的人,用自己的产品或服务为他创造价值。这个真正"懂"企业的人,就是企业的第一用户。那么,问题来了。

- 问题一:谁才是企业的第一用户?
- 问题二:企业选择第一用户的标准是什么?

企业要找到自己的第一用户,首先要画出企业的第一用户画像。用户画像是根据用户的社会属性、生活习惯和消费行为等信息而提炼出来的一个标签化的用户模型。构建用户画像的核心工作是给用户贴标签,而标签是通过对用户信息分析而得出的高度精练的特征标识。我们可以从这个定义提取出标签的关键词。

一个用户的标签可以分为社会属性、生活习惯以及消费行为三个方面。

- 社会属性:年龄、性别、地域、学历、职业、婚姻状况、住房车辆等。
- 生活习惯:运动、休闲、旅游、饮食起居、购物、游戏、体育、文化等。
- 消费行为(基于产品):消费习惯、消费金额、消费次数、消费时间、消费频次等。

很多企业在做用户画像时，会根据上述这些静态标签，以用户基本属性为主，入门级别就是做问卷调研、电话访谈，进阶级别就是通过一些后台埋点，得出男女比例、华南华北地区比例等数据。这样做出来的用户画像有两个痛点：一是它可能是企业的用户画像，但一定不是企业的第一用户画像；二是它没有真正应用在实际的业务中，对业务产生价值，最终沦为形式主义。所以，企业要想让用户画像真正发挥出作用，一套可实际落地的第一用户画像是必要条件。

怎样才能做出一套可落地的第一用户画像？

做事首先要抓住主要矛盾。第一用户是对企业最重要的用户，企业在做第一用户画像时，不要参考用户的所有标签，只要抓住核心标签即可。什么才是第一用户的核心标签？答案是消费习惯和消费力。因为消费习惯决定了一个用户是否会购买企业的产品或服务；消费力（消费频次 × 消费价格）决定了一个用户是否为企业带来增长。二者缺一不可，如果一个用户的消费力很强，但他没有购买企业的产品或服务的消费习惯，那么他一定不是企业的第一用户；如果一个用户有经常购买企业的产品或服务的消费习惯，但他的消费力很弱，那么他也一定不是企业的第一用户。基于此，我们可以得出一个科学的第一用户画像公式：

**第一用户 = 消费习惯 × 消费力**

## 消费习惯：将用户从群分到细分

消费习惯是指一个人的消费偏好。比如：有的人爱吃火锅，有的人不爱吃火锅；有的企业经营者经常购买书籍，有的企业经营者几年都不买一本书。一个人的消费习惯是先天和后天综合形成的，是在长期消费实践中形成的对消费事物具有一定的稳定性偏好的心理表现。

我在这里分享一个通俗易懂的案例。我的儿子今年 11 岁，女儿 5 岁，从来没有人教他们如何选择东西，但他们选择的东西完全不一样。儿子喜欢奥特曼、钢铁侠等玩具；女儿喜欢发卡、项链等装饰品。他们选择东西的喜好是天性和兴趣使然。

大多数用户在选择产品或服务时，会根据自己的天性和喜好来选择。如果企业不能理解消费习惯对一个用户有着强大的驱动力，甚至有决定性影响的话，那么企业是很难找到自己的第一用户的。

当然，我经常听到一些企业经营者说"改变用户的消费习惯""培养用户的消费习惯"。能够做到这一点的企业寥寥无几，但一旦做成，便能成就一番伟大的事业。为什么这么说？一是因为改变和培养用户的消费习惯变相促进了用户生活方式的演化，有时这一演化甚至可以上升到实现社会进步的高度；二是因为改变和培养用户的消费习惯是一件非常困难的事情，任何一家企业如果能做到这点，即便不会名留青史，也会是当下商业竞争局面中的佼佼者。

例如，21世纪用户改变最大的消费习惯是什么？是从线下购物转变为线上购物。过去，用户购买商品必须先在线下寻找店铺，然后通过试用、试穿或现场查看商品等方式，决定自己是否购买商品；现在，用户足不出户，仅仅只是在网上查看商品信息或观看他人的试用、试穿视频便可以决定自己是否购买该商品，在购买后的几天里，商品就会被送货上门。

电子商务平台的出现改变了用户的购物习惯，扩大用户的购物选择范围，用户可以在家中购买来自世界各地的商品；简化用户的购物流程，用户只需动动手指即可购买商品；降低用户购物成本，许多商品从工厂直达用户手中，省略了中间商赚差价的环节；等等。这一生活习惯改变的背后，是电子商务企业耗费的大量时间和成本。阿里巴巴从1999年创立的那一天起，就已经开始试图改变人们购物习惯的投入，到2014年11月11日，阿里巴巴双十一全天交易额高达571亿元为止，耗时十多年。

任何能改变人们消费习惯的事，都意味着企业在成本上的投入是巨大的。要知道，一个人的习惯是经过数年才形成的，短时间内是很难被改变的。所以，企业（尤其是中小企业）千万不要轻易试图改变用户的消费习惯。

有的企业经营者看到这里，可能会质疑道："现在各行业的创新型企业的做法不都是在改变用户的消费习惯吗？比如字节跳动、美团等，为什么它们愿意做？"因为它们都想成就一番伟大的事业，达成自己的梦想。它们梦想的达成条件就是改变用户的消费习惯，只有这样，它们才能够成功。而这条路并不好走，在真正成功之前，它们要一直烧钱。我们能看到像字节跳动、美团这样的创新型企业最终改变了用户的消费习惯，获得了用户增长，实现了商业成功。但同时我们也能看到无数的创新型企业还没有等到用户消费习惯被改变，就已经"烧光"了投资者的钱，最终宣告破产。

因此，我的观点是：如果企业的最终目标不是开辟新的产业，企业也没有强大的资金实力和人才储备，就千万不要轻易尝试改变用户的消费习惯。

那么，在不改变用户消费习惯的前提下，企业要如何做？

物以类聚，人以群分。企业要洞察用户的消费习惯，从群分用户转变为细分用户，选择有消费企业产品或服务的习惯的用户。企业找到有消费自家产品或服务的习惯的用户，可以使 1 元钱发挥 10 元钱的效果。但企业在改变用户消费习惯中花费的 10 元钱，未必能产生出 1 元钱的利润。

从用户的角度来看，消费习惯不同的用户，需求是不同的，想让不同的用户对企业的产品或服务都满意，就要求企业提供有针对性的、符合用户需求的产品或服务，而为了满足这种多样化的需求，企业需要对用户群体进行层层细分，找到第一用户。越是规模小、竞争力弱的企业，越应该通过细分找出第一用户，进行差异化的价值创新。这样一来，企业的各种资源才够用，企业的优势才会突出，才更有利于企业占领市场。

关于企业如何洞察用户的消费习惯，从群分用户转变为细分用户，找到第一用户，我用一个案例来抛砖引玉，以供读者参考借鉴。

假设我们的企业是一家管理咨询企业，是否意味着所有企业的经营者或管理者都是我们的用户？肯定不是的。按照消费习惯来细分用户，我们应该这样做：

- 洞察出大用户群是中小民营企业的经营者，这个群体面临的挑战很大，有很多企业管理问题亟待解决，所以大多数中小民营企业的经营者需要真正可落地的实效方法。
- 进一步细分这一部分用户群，洞察出有学习习惯的中小民营企业的经营者，要知道有的企业经营者几年都不读一本书、不上一节课的。
- 再进一步细分，洞察出真正爱学习的中小民营企业的经营者，识别出有的企业经营者爱学习、爱上课的目的是获得人脉资源和学历，有的企业经营者爱学习是装装样子的，而这些"伪爱学习者"都不是我们的第一用户。
- 再对真正爱学习的中小民营企业的经营者进一步细分，最终得到的第一用户是企业资产规模为1亿～20亿元的、真正爱学习的中小民营企业的经营者。

图3-2为企业通过洞察用户消费习惯，细分出第一用户的路径图。

企业资产规模为
1亿~20亿元的、真正爱学习的
中小民营企业的经营者

真正爱学习的中小
民营企业的经营者

有学习习惯的中小
民营企业的经营者

中小民营企业的经营者

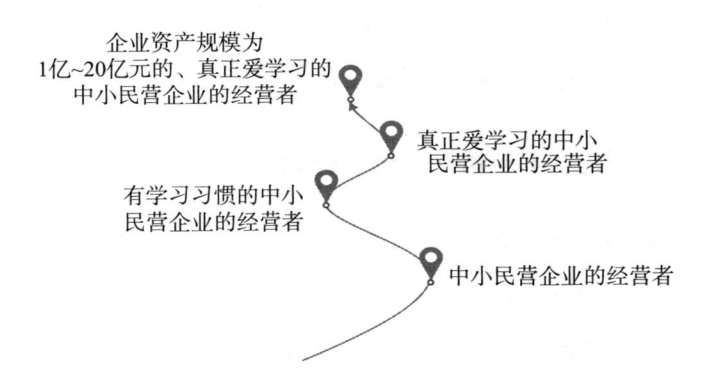

图 3-2　企业的第一用户细分路径图

看完整个将用户从群分到细分的过程，大家会发现用户细分很简单，就是一步步地洞察用户的消费习惯，找到最精准的、有消费企业产品或服务的习惯的用户。

企业在洞察用户的消费习惯时，可以通过"5W2H"来精准洞察，将第一用户细分出来。

- Who：哪类人购买了企业的产品或服务？
- What：用户在购买企业的产品或服务时做出了什么行为？
- When：用户在什么时间购买企业的产品或服务？
- Where：用户在哪里购买企业的产品或服务？
- Why：用户购买企业的产品或服务的真正目的是什么？
- How：用户通过什么方式购买企业的产品或服务？
- How much：用户购买企业的产品或服务用了多长时间，花了多少钱？

企业可以通过"5W2H"的答案，一步步地将用户细分，然后精准锁定最偏爱企业产品或服务的用户人群。

## 消费力：消费频次 × 消费价格

在第一用户画像公式里，消费力是指用户的消费能力。为什么世界各地的企业都很看重中国市场？原因很简单，因为中国是世界上的消费大国，中国人民强大的消费力支撑着国家越来越强。同样，用户的消费力也支撑着企业增长，用户的消费力是企业增长的原动力。

企业如何判断用户的消费力呢？用户的消费力与消费频次和消费价格有关。

如何理解消费频次对消费力的影响？消费频次是指用户在一段时间内消费某一款产品或服务的次数。比如有人喜欢看电影，但因为工作的关系，每年看电影最多 1～2 次。那么他是电影院的用户吗？他确实是电影院的用户，但不是第一用户。为什么？因为他的消费频次很低。如果电影院把他这样的用户定位为第一用户的话，那么电影院不仅不能实现用户增长，还有可能面临倒闭。用户对企业产品或服务的消费频次越高，产生的消费力越强。

什么是消费价格？消费价格分为单次消费价格和单客消费价格。单次消费价格是用户在企业一次消费的金额；单客消费价格是用户在企业一年或一个月累计消费的金额。用户在企业消费的金额越高，产生的消费力越强。

那么问题来了：如果一个用户在企业消费的频次很高，但消费金额很低，那么他是否为企业的第一用户？或者是如果一个用户在企业消费的金额很高，但一年只消费一次，那么他是否为企业的第一用户？

针对这两个问题，我举个例子，大家听完就明白这个逻辑了。

如果一个用户在企业一年消费的频次是10次，每次消费的价格是1万元，那么他一年一共消费了10万元；如果一个用户一年只在企业消费了1次，消费金额是10万元，那么他一年也消费了10万元。

通过计算，我们可以清晰地看出：这两个用户的消费力一样。所以，企业在计算一个用户的消费力时，要针对某一个时间段，把用户的消费频次和消费价格相乘，就能得到一个用户的消费力数据。用户的消费力越强，企业增长的势能就越大。消费力公式为：

**消费力 = 消费频次 × 消费价格**

需要注意的是，企业在计算一个用户的消费频次和消费价格时，要把这两个指标细分到每日、每周、每月、每年，然后计算出每个时间段用户在企业的消费力数据，只有这样才能精准地识别出该用户是否具有高消费力。

到这里，我们已经通过洞察用户的消费习惯，最精准地找到有消费企业产品或服务的习惯的用户，同时通过计算用户的消费频次和消费价格，精准地识别出企业中具有高消费力的用户，再把两者相乘，就能得出企业的第一用户标准。

四川有一家火锅企业——刘一手火锅，之前该企业把所有人都看成自己的第一用户，一直试图将所有人开发为企业的用户。通过学习，其创始人和企业高管意识到把所有人都看成企业的第一用户的弊端——企业精力、资源不聚焦，无法服务好用户。后来，刘一手开始用第一用户画像公式选择自己的第一用户。

第一步是通过洞察用户的消费习惯，将用户细分。这家火锅企业的产品是麻辣火锅，通过洞察用户的习惯，它将用户一步步地细分出来：喜欢吃→喜欢吃火锅→喜欢吃麻辣火锅。

第二步是根据用户消费力公式，找到高消费力的用户。一个用户喜欢吃麻辣火锅，他吃麻辣火锅的频次是每月 1～2 次，每次的消费额是 300～500 元，那么他一年的消费力是 3 600～12 000 元。这样的用户就是高消费力的用户。

第三步是把用户的消费习惯与消费力相乘，得出的就是第一用户的标准——喜欢吃麻辣火锅，且每年在企业消费 3 600～12 000 元的用户就是刘一手的第一用户。

刘一手在通过第一用户画像公式选择第一用户的过程中，也走过弯路。在判断用户的消费力时，这家企业的经营者和高管计算出用户的消费力后，认为虽然用户一年在火锅上的消费力是 3 600～12 000 元，但有的用户只有 3～4 次是在自己的火锅店里消费的，计算下来，这类用户每年在自家火锅店的消费力是 900～4 000 元。基于此，刘一手火锅并没有把这样的用户细分为第一用户。

如果企业以这样的逻辑来选择第一用户的话，能选择的永远只有老客户，那么企业的增长也是枉然。正确答案是，这样的用户也是火锅企业的第一用户。企业要把这样的用户定位为第一用户，然后想办法去做深度开发，让他们到店里的消费频次从3次、4次变成10次、20次。

东鹏特饮在2021年上市，成为中国功能饮料第一股。东鹏特饮成立于1987年，原本是深圳一家国有老字号饮料企业，凉茶和饮用水曾是该企业的主打产品。企业推出东鹏特饮的时间是2009年，当时红牛是行业的领头羊，于是东鹏特饮一度被视为"红牛模仿者"。东鹏特饮招股书显示，2018—2020年，其能量饮料业务收入分别为28.85亿元、40.03亿元和46.55亿元，能量饮料成为贡献其企业业绩的主要品类。2020年，东鹏特饮销售量同比增长29.2%，市占率达26.7%，销售额同比增长26.7%，市占率达20.2%，成为饮料排名前20的厂商中增长速度最快的厂商。

在我的课堂现场，我问在座的100多位企业经营者学员："经常喝东鹏特饮的人请举手。"举手的只有两个人。那么如此小众的功能饮料，是如何增长至上市的呢？原因是东鹏特饮找到了自己的第一用户。

第一步是通过洞察用户的消费习惯，将用户细分：喜欢喝饮料的用户→喜欢喝功能饮料的用户→用户喜欢喝功能饮料的动机是缓解疲劳、提神醒脑。通过细分用户人群，东鹏特饮选择长途司机、上班族、熬夜族等用户群作为自己的主要用户。

第二步是根据用户消费力公式，找到高消费力用户。东鹏特饮通过消费力公式，发现高消费力的用户群是司机、公务员、白领和学生等，这对应的是长途驾驶、加班、运动、学习等抗疲劳类消费场景。

第三步是把用户的消费习惯与消费力相乘，从而找到自己的第一用户：城市中的外卖员、快递员、理货员、司机，以及下沉市场中的各种体力劳动者。

同时，东鹏特饮通过第一用户画像公式，发现电竞、体育用户也是自己的第一用户。为了开发出这一用户，它从传统抗疲劳类场景拓展至聚会、旅游、电竞、夜场等休闲类场景，赢得了广大年轻用户的喜爱。

看到这里，谁是你的第一用户？企业经营者现在能准确地回答这个问题吗？

总结一下，找到第一用户是企业驱动用户增长的根本动因，是用户增长的基础，否则用户增长就会成为无源之水、无根之木，必然不会长久。

## 第一用户分类：谁是你最关键的1%用户

选择第一用户的第二象限是第一用户分类。

企业通过第一用户画像公式洞察出谁是企业的第一用户后，接下来需要对第一用户进行用户分类。既然企业已经找到了第一用户，为什么还要对第一用户进行分类呢？

企业之所以做用户分类，有以下两个方面的原因。

一是将最重要的资源用在最有价值的用户身上。企业做第一用户分类的主要依据是上文提到过的二八法则。二八法则告诉我们：大多数用户只能产生微小的影响；少数用户产生主要的、重大的影响。同样，在企业的第一用户群里，也是 20% 的用户给企业带来 80% 的利润。对于企业，特别是中小企业来说，资源是有限的，好钢要用在刀刃上，企业要将自己 80% 的资源都用在最有价值的 20% 的用户身上。

二是做差异化服务。"竞争战略之父"迈克尔·波特在《竞争战略》一书中指出："企业在激烈竞争的市场中保持优势地位有三种通用战略，分别是成本领先战略、差异化战略、集中化战略，而企业实施差异化战略的一种非常重要的方法就是从客户（用户）分类开始。"

比如，福特只生产 T 型车并致力于不断降低成本和价格，是低成本战略的代表。而通用汽车之所以能够后来者居上，靠的则是针对不同用户的需要，生产不同品牌、不同性能和不同外观的汽车，是差异化战略和用户分类的代表。

企业找到第一用户，并不意味着第一用户会主动选择企业，或者第一用户会持续选择企业。企业对第一用户进行分类，是为了对不同类别的第一用户提供不同的服务，最终达到第一用户主动且持续选择企业的目的。

综上所述，企业做第一用户分类的目的在于将最好的资源用在最有价值的用户身上，并对不同的用户提供差异化服务。如果用一句话总结这两个目的，那就是企业做第一用户分类的目的是做好用户的精细化运营，提升用户价值。

## "牛鼻子法则"：用户三千，只取1%

第一用户分类是指企业根据第一用户的属性、特征进一步做差异化区分和取舍，直到找到最关键的 1% 的用户。

在我辅导一家企业时，一位企业经营者向我诉说他的烦恼："我总觉得时间不够用，每天忙到深夜，只能勉强睡上两三个小时。我感觉自己越来越累，而企业的发展状况却越来越差。"

我反问道："你每天都在忙什么呢？"

他回答："需要我操心的事情太多了，定战略、做计划、培养企业高管、把控产品质量……"

听到这里，我打断了他继续往下说的念头，再次询问道："你觉得哪件事是非常重要的？"

他愣了一下，说："每件事都很重要，没有我，底下的人决定不了。"

我望了望他疲惫的眼睛，说："这些事都很重要，但它们都不是关键的少数。作为企业经营者，你一定要懂'牛鼻子法则'。"

什么是"牛鼻子法则"？放牛娃的力气很小，却能让牛跟着自己走，原因是他牵住了牛鼻子。任何事情都有主次和本末，企业经营者的时间和精力有限，如果他总是眉毛胡子一把抓，难免会出现本末倒置的情况。所以，企业经营者抓住最关键的重点，就能达到事半功倍的效果。把"牛鼻子法则"应用到第一用户分类上，就是企业要抓住 1% 的关键用户。

企业要抓住 1% 的关键用户，核心动作在于区分和取舍。

第一步是区分和取舍,找出 20% 的用户。

企业从第一用户群里区分出 20% 和 80% 的用户,20% 的用户是关键用户,他们创造了企业 80% 的利润。企业要把 20% 的用户留下来,舍弃剩下 80% 的用户。

第二步是再区分和再取舍,找出 4% 的用户。

企业舍弃 80% 的用户,留下 20% 的用户还不够,还要在 20% 的用户里再区分出 4% 和 16% 的用户。4% 的用户为企业贡献了 60% 的利润,企业要弃掉 16% 的用户,留下 4% 的用户。

第三步是进一步区分和进一步取舍,找到 1% 的关键用户。

按照上述思路,企业继续在 4% 的用户群中区分出 1% 和 3% 的用户,这 1% 的关键用户最终决定了企业 40% 的利润。所以,在一家企业中,通常只有 1% 的用户是最关键的重点用户,是企业的大客户。

表 3-1 为企业用户区分和取舍的对比情况。

**表 3-1 企业用户区分与取舍的对比情况**

| 区分用户 | 舍弃 | 留下 | 留下的用户为企业创造利润的占比 |
|---|---|---|---|
| 20%和80% | 80% | 20% | 80% |
| 4%和16% | 16% | 4% | 60% |
| 1%和3% | 3% | 1% | 40% |

整个区分和取舍的过程,就是企业抓住事物主要矛盾的过程。其中,20% 是企业的主要用户,而 1% 才是企业的关键用户。随着企业用户区分和取舍力度的加大,所撬动的杠杆会给企业带来

成倍增长。杠杆的最大作用就在于做出关键性的区分和取舍——企业有很多第一用户，关键用户是谁；有非常多的时间点，关键时间点是哪个；有非常多的事情，关键事情是什么；有非常多的做法，关键做法是什么。找出关键用户，把关键时间留给关键用户，聚焦关键事情和关键做法，就能产生杠杆效果。增长的本质是杠杆加杠杆，不断复利，从而产生最大的能量。在企业中，职位越高，事情就越多。经营者和管理者一定要遵循"牛鼻子法则"，对第一用户做区分和取舍，将80%的时间和资源投向1%的关键用户，做到"用户三千，只取1%"。

### 分类标准：A、B、C类用户和大客户

如何对第一用户进行分类，不同的企业有不同的方法，比如：按用户为企业贡献的价值来分类，可以分为高价值用户、低价值用户等；按合作时间来分类，可以分为老用户、新用户等。在这里，基于企业增长的维度，我推荐企业按照用户的消费力分类。原因是一个用户的消费频次和消费金额是一个能准确量化的结果，企业按照用户的消费力来分类，可以进一步精准洞察出关键用户。

按照用户的消费力进行第一用户分类，企业可以将用户分为四类，如表3-2所示。从企业增长的维度来看，这四类用户的组合极其重要。企业如果缺少C类用户，则很难进入市场；企业如果缺少B类用户，则难以形成坚实的成长底线和获得稳健的回报；企业如果缺少A类用户，则难以形成核心竞争力，也无法突破增长瓶颈；企业如果缺少大客户，则难以形成迈向第一的增长。

表 3-2　第一用户分类表

| 维度 | 大客户 | A 类用户 | B 类用户 | C 类用户 |
| --- | --- | --- | --- | --- |
| 消费频次 | 最高 | 比较高 | 中 | 低 |
| 消费价格 | 最高 | 比较高 | 中 | 低 |
| 创造利润率 | 40% | 20% | 15% | 5% |

遵循"牛鼻子法则"，在这四类用户中，大客户的消费频次和消费价格最高，为企业创造了 40% 的利润；A 类用户的消费频次和消费价格比较高，为企业创造了 20% 的利润；B 类用户的消费频次和消费价格中等，为企业创造了 15% 的利润；C 类用户就是剩下的用户，为企业创造了 5% 的利润。

**C 类用户：不宜投入大量的精力、时间和资源，以"维稳"为主**

C 类用户是指消费力弱但量大的企业用户。C 类用户是多数，此类用户一般量大但价值低，在乎的是企业产品或服务的价格，对企业增长的贡献小。

对于 C 类用户，企业不宜投入大量的精力、时间和资源。企业如果长期关注 C 类用户，不仅疲于奔命，还无法取得大的业绩突破。但企业也不能完全不关注 C 类用户，企业（特别是中小企业）应该以"维稳"为主，在按照用户服务流程做好服务的同时，辅以适当的优惠、赠送手段，进而形成一定的品牌拉动效果，促成大量回头客的产生。

例如，在线音频分享平台喜马拉雅在成立之初曾通过对 C 类用户的运营取得了突破性增长。该平台通过一些活动，比如"423

拉新"活动（活动流程为用户点开 App，进入听书 tab→点击进入晒书单页面→企业利用算法为用户选择爱听的书→用户将其分享给好友→邀请好友点赞→5 位点赞→领取书，该活动利用了用户的碎片化时间），引导用户在平台上学习、分享。这些举措很快吸引了大量的都市白领，人们纷纷尝试使用这款软件，并发现效果不错，于是将其推荐给同事、朋友等一起使用。由此，喜马拉雅迅速传播开来，用户数量高速增长。

按照消费力的用户分类，当时该视频软件的用户为 C 类用户，因为他们没有产生任何消费力。不过，平台通过这种模式的传播不仅完成用户体验，还实现了初期的用户增长。

**B 类用户：企业的增长底线，应提供差异化服务**

与 C 类用户相比，B 类用户在消费价格和消费频次上略高一筹。B 类用户在消费力上可以达到中等水平，对于企业的产品或服务一般会比较认可和满意，有需求时会找企业，但在企业为其解决困难后才会选择企业。

B 类用户对于企业增长的贡献一般，有一定潜力，是支撑一家企业稳定增长的核心因素，或者说是企业的增长基础。

在 B 类用户的身上，企业的投入与回报基本成正比，投入力度越大，回报也越可观。对于此类用户，企业要在最大限度提升服务质量的同时，通过提升用户价值的方式提供差异化服务。

开市客是美国最大的连锁会员制仓储式超市，其商业模式的核心就是高度锁定 B 类用户。开市客聚焦中高端消费群体。美国年收入前 30% 的家庭属于开市客的 B 类用户。这些用户对超市的全品类、高品质、性价比有着强烈的需求。为此，开市客设置了只有缴纳会员费的会员才能进入超市购物的规则，并针对会员提供优惠力度大的权益和折扣，会员能够享受高品质、低价格的产品和服务。截至 2022 年 5 月 8 日，开市客已经拥有超过 1.15 亿会员，且会员的忠诚度较高，愿意在开市客缴纳一定的会员费，享受物超所值的产品和服务。拥有这些用户，开市客的增长才能稳如泰山。

**A 类用户：企业增长的不二法门，应进行最佳的用户管理**

A 类用户是消费力强的用户。A 类用户一般对企业的产品或服务认可度和满意度很高，有需求时会直接找企业。A 类用户一般在企业里是"重要的少数"。

A 类用户是企业想要迅速增长时必须获取的一类用户群体。这类用户对企业增长的贡献大，是企业增长的不二法门。

在 A 类用户身上，企业可以通过较少的投入来获得极大的效益，所以企业要将此类用户作为企业的重点用户，应该进行最佳的用户管理，包括做最完整的服务记录、提供最充裕的服务时间和最细心周到的服务措施等。

**大客户：企业赢得第一的关键**

大客户是消费力最强的用户。大客户就是企业 1% 的关键用户，决定着企业 40% 的利润。

企业要想实现从持续性增长到突破性增长，最终迈向第一，就必须攻下大客户这座山头。如果没有大客户作为支撑，企业很难赢得第一。所以，企业要做好大客户的开发及运营，把 80% 的时间、精力和资源投放到大客户身上。大客户开发对于企业增长意义非凡，我将在下一节重点分享。

企业做第一用户分类，不是为了不再关注其他用户，而是做好每个用户群的精细化运营，把关键资源投放到关键用户身上。如果企业把A、B、C三类用户和大客户一起抓，不仅无法实现企业增长，还无法提高组织能力。表3-3为四类用户的主要运营方式与企业投入比例表，企业可参考。

表3-3 四类用户的主要运营方式与企业投入比例表

| 用户类型 | 运营策略 | 时间和精力投入比例 |
| --- | --- | --- |
| 大客户 | 重点开发和运营 | 40% |
| A类用户 | 最佳用户管理 | 20% |
| B类用户 | 差异化服务 | 15% |
| C类用户 | 多维度开发和运营 | 5% |

大客户、A类用户、B类用户、C类用户构成了一家企业的第一用户，其组合在一起使得企业的增长基础越来越牢固，基于用户至上的增长区间也越来越大。当然，企业的第一用户分类不单单局限于以上四类，各行各业可以依据各自的业务特点进行有针对性的分类。

河南梦祥纯银制品有限公司（以下简称"梦祥银"）是一家银制品制造企业。1993年，其创始人李杰石带领全家9人，以银戒指为主营产品开始创业。从1993年到2022年，李杰石在经营梦祥银的30年里，一直如履薄冰、战战兢兢。从2017年开始，梦祥银出现亏损状况。2019年，新冠肺炎疫情的暴发无疑让梦祥银雪上加霜，亏损也越发严重。面对困境，梦祥银的经营者急得团团转，开始深度思考企业的问题所在。为了找到问题的根源，他们对梦祥银的经营状况进行了全面的复盘，发现了梦祥银最主要的三大问题。

第一个问题是品牌定位乱。梦祥银在发展的30年里，先后有过10家公司，诞生了6个品牌，其中1个品牌被市场淘汰，还剩下5个品牌，而这些品牌没有明显的区别。品牌定位乱带来的直接影响是市场上梦祥银自己的5个品牌互相竞争。为了压制彼此，它们互打价格战的情况时有发生，有时甚至能看到它们在同一个商场内激烈竞争。对于梦祥银而言，这就像左手打右手，而最后压下来的价格都是自己的利润。

第二个问题是产品库存高。梦祥银认为产品越多越好，产品全才能赚最多的钱。于是梦祥银大力研发产品，所有款式加起来超过10 800款。款式多了以后，梦祥银的整条产品线便被拉长了，企业资金投入巨大。

第三个问题是企业没利润。以上两个问题是因，产生的果是梦祥银没有利润，所有的利润都化成投入和库存。最差的时候，梦祥银连续亏损，整个企业军心不稳，士气低落……

机缘巧合之下，梦祥银的高管团队走进我的课堂，希望获得解救梦祥银于水火的方法，以改变企业的未来。学习后的梦祥银开始了企业的用户分类。

首先，梦祥银梳理了4 695个加盟商，发现其中825个加盟商的销售额占梦祥银总销售额的73%，而这825个加盟商占用户总量的 18%。这比较符合二八法则，即 20% 的用户提供了 80% 的销售业绩。这 825 个用户就是梦祥银的第一用户，这些用户的年销售额都在 100 万元以上。

其次，仅仅梳理出 18% 的用户还不够，梦祥银还在这 825 个用户中梳理出关键的 1% 的用户。梦祥银对这 825 个用户进行梳理，找出年销售额在 300 万元以上的用户，共有 400 个，这是 A 类、B 类用户。这 400 个用户还要再区分、再取舍，梦祥银梳理后得出年销售额在 500 万元以上的用户有 40 个。这 40 个用户就是梦祥银的 A 类用户，即标杆用户，占用户总数量的 1%，却贡献了 22% 的销售额，是梦祥银关键的 1% 的用户。

再次，C 类用户在梦祥银的销售额统计系统中居中，但较为棘手，因为其对产品价格很敏感，且创造的利润往往偏低。不过，梦祥银通过再造客户关系，也有可能将 C 类用户转化为 A 类或 B 类用户。

最后，梦祥银的 D 类用户的销售额低，消费量也很小，是企业的微利或无利客户，就像是鱼塘中的小鱼，对梦祥银的价值很小。

经过多次区分和取舍后，梦祥银梳理出了属于自己的四类用户，如表 3-4 所示。

表 3-4　梦祥银用户分类表

| 级别 | 年度销售额 | 用户数量 | 用户数量占比 | 销售额占比 |
| --- | --- | --- | --- | --- |
| A 类用户（标杆用户） | 500 万元以上 | 40 个 | 1% | 22% |

（续表）

| 级别 | 年度销售额 | 用户数量 | 用户数量占比 | 销售额占比 |
|---|---|---|---|---|
| B 类用户 | 300万~500万元 | 360个 | 8% | 28% |
| C 类用户 | 100万~300万元 | 425个 | 9% | 23% |
| D 类用户 | 100万元以下 | 3 870个 | 82% | 27% |
| 合计 | | 4 695个 | 100% | 100% |

梦祥银经过用户分类和后面提供的一系列差异化服务后，企业的利润大幅增长，且销售人员普遍反映没有之前那么累了。

最后说明一点，在不确定性时代，世界在快速变化，企业在变化，企业的用户也在变化，所以第一用户的分类也不是一成不变的。它是一个动态的用户管理过程，企业需要根据实际的情况和实际的发展进行更新。我建议企业每个季度更新一次（定期更新），而当企业的战略发生重大改变和用户出现重大变化时，企业需要适时地进行临时更新（不定期更新）。

## 大客户开发：如何"钓"到大客户

选择第一用户的第三象限是大客户开发。

企业在知道了谁是自己的大客户之后，不能只守着自己现有的大客户，要想实现迈向第一的增长，除了服务好现有的大客户，企业还要想办法做好大客户开发，增加大客户的数量。

为了做好大客户开发，我经过数年的总结、优化，形成了大客户开发四部曲，如图 3-3 所示。请注意，大客户开发四部曲是站在企业和企业经营者的高度，而不是站在营销层面讲业务部门如何开发大客户。

大客户意识 → 大客户组织 → 大客户方案 → 大客户推进

图 3-3　大客户开发四部曲

## 大客户意识：大客户等于大业绩、大升级、大实力

企业做大客户开发的"第一部曲"是树立大客户意识。所谓大客户意识，是指企业经营者要从心里认识到大客户对企业增长的重要性。企业经营者要把大客户开发上升到战略的高度。企业如果在战略高度上没有形成大客户意识，没有开发大客户的决心和毅力，是无法做好大客户开发的。

下面，我们要解决的是企业经营者对大客户的认知问题，也就是回答为什么企业要做大客户开发这个问题。

### 大业绩：1个大客户大于1 000个小客户

企业做大客户开发的第一个原因是大客户等于大业绩。这表现在三个方面：一是大客户企业规模大，消费频次高；二是大客户实力强，消费单价高；三是大客户虽然开发难度高，但续约率高、CLV（客户生命周期价值）高。

我们如果仔细观察中小民营企业如何做客户开发这个动作，

就会发现它们是这样"钓鱼"的：拿着钓鱼竿，鱼钩上挂着面包屑、小蚯蚓，天天守在岸边，看似十分投入地"钓鱼"，最后费尽千辛万苦却只能钓到一些"小鱼"甚至"小虾"。企业看起来有很多用户，企业所有人从早忙到晚，筋疲力尽。但到了年底，企业的财务报表出来，所有人都惊呆了：企业不仅没有增长，还处于亏损状态。

为什么会出现这样的情况？这是因为在大多数中小民营企业经营者的认知里，能"钓"到一些"小鱼""小虾"就已经很不错了，至少它们能让企业活下来。但他们似乎忘了一件事：企业钓"小鱼""小虾"是要耗费大量资源的。

我们一起来计算一下。如果一家企业开发 1 个小客户的业绩是 1 万元，1 000 个小客户的业绩则是 1 000 万元，但每开发 1 个小客户，企业投入的人力、物力和财力（包括从找到客户到建立信任、满足需求、成交、服务、售后）的成本也是 1 000 元，那么 1 000 个小客户的开发成本则是 100 万元。按照企业的利润公式（收入 − 支出 = 利润），1 000 万元减去 100 万元为 900 万元。

如果一家企业开发 1 个大客户的业绩是 100 万元，1 000 个大客户的业绩则是 10 亿元。鉴于同样的流程，企业不管是开发大客户还是小客户，企业所投入的人力、物力和财力的成本是一样的，都是 1 000 元，而 1 000 个大客户的开发成本则是 100 万元。按照企业的利润公式，10 亿元减去 100 万元远远大于 900 万元。

大家现在可以看出开发大客户与小客户的区别所在吗？这还不是关键，最关键的在于企业费尽心力开发的 1 000 个小客户的 CLV 和续约率都很低，且很容易流失或给企业带来负面影响。更可怕的是，当企业只盯着这 1 000 个小客户时，那些真正的大客户正在被竞争对手抢走。长此以往，企业只会越来越小。所以，企业在计算这 1 000 个小客户的开发成本时，还要把这些隐性成本也计算进去。这样开发 1 个小客户的成本就变成了 1 万元，1 000 个小客户的开发成本则是 1 000 万元，1 000 万元减去 1 000 万元为 0 元。这意味着，企业耗费了大量的时间、精力和资源，最后得到的经营结果是 0。

企业要改变"1 000 万元减去 1 000 万元为 0 元"的经营结果，经营者就要转变思路，思考如何能真正实现以 1 元的成本获得 1 000 元的价值。

一家企业如果一年只服务 1 个持续产生订单的大客户，就会很轻松。企业会把所有的资源都集中投放在这 1 个大客户身上，所产生的客户价值会更高。大客户获得的价值高了，转介绍率就会更大，而大客户一般转介绍的也是大客户。

所以，为什么要做大客户开发？因为 1 个大客户大于 1 000 个小客户。企业经营者如果没有领悟到这一点，就不可能找到正确的增长方案。企业的成功来自最小的投入、最大的产出。在用户经营上，最小投入就是抓住大客户，做好大客户的开发。

### 大升级：倒逼企业升级

企业做大客户开发的第二个原因是大客户等于大升级。大客户的要求高、标准高，企业为了赢得大客户，就要进行产品升级、服务升级、管理升级、人才升级等，大客户会倒逼企业全方位升级。

从2019年年末开始，新冠肺炎疫情就使企业处于转型升级的阵痛中。面对冲击，谁转变得快、转变得好，谁就能快速穿越寒冬。物有本末，时有终始，企业转型升级的本末和终始是什么呢？

其实，企业转型升级最大的挑战不是某项技术（比如数字化）的运用，而是企业思维意识的改变。这种意识体现在认知高度和重视程度两个层面。认知高度的差异体现为企业的转型升级到底是以自我为中心，还是以用户为中心。

在大多数中小企业的经营者的传统认知里，企业的转型升级是以自我为中心，完成企业的产品升级、人才升级和管理升级等。可是，企业自己如何转型升级？以自我为中心的产品升级后，是否会出现闭门造车、孤芳自赏的情况？企业升级后的产品是用户真正需要的吗？企业的人才能服务好用户吗？这就是以自我为中心进行的企业升级会出现的核心问题。

无论时代如何发展，技术如何迭代，企业转型升级的本末和终始都是提升用户价值。用户的想法和要求升级了，企业就要以用户的想法和要求为出发点，完成产品、服务、人才、流程的升级。所以，一切围绕用户，实现用户价值才是企业升级的真正根源与目标。

我以一家生产易拉罐的企业为例来说明这个逻辑。作为国内食品包装行业的翘楚，奥瑞金科技股份有限公司（以下简称"奥瑞金"）并不被外界所熟知。一个易拉罐能卖多少钱？答案可能令我们感到不可思议。奥瑞金公布的 2021 年年报显示，奥瑞金 2021 年年营业收入达到 138.85 亿元，同比增长 20%。这也是奥瑞金自上市以来交的最好的一份成绩单。作为国内最大的金属包装企业，自 2020 年年度营收规模首次超过 100 亿元后，奥瑞金进一步夯实了"百亿营收俱乐部成员"的地位。

在中国，从事金属包装的企业有 1 700 多家，但真正能和跨国企业匹敌的不超过 10 家，奥瑞金就是其中之一。从 2016 年到 2021 年，奥瑞金一直在快速地增长，净利润曾达 9.05 亿元。这个数字是非常惊人的，那它是如何做到的呢？

让我们把时间拉回到成立初期，55 岁的退休女工关玉香拿出 30 万元创办了奥瑞金。当时的奥瑞金除了拥有 16 名员工、一条简陋的生产线，以及和关玉香并肩作战的儿子周云杰，别无其他。作为小微企业的奥瑞金为了生存下来，只能与一些小厂合作，这非但没有创造利润，还让企业所有人都感到精疲力竭。

幸运的是，在奥瑞金成立的第二年，红牛进入中国市场，在深圳建厂。关玉香敏锐地洞察到一个使企业迅速增长的绝佳机会——与红牛建立合作关系。为了赢得与红牛的合作，关玉香和周云杰在两个月内，在海南、深圳、广州之间往返 41 次。在与红牛建立联系后，红牛却提出了一个特殊的要求——粉末补涂，这在当时具有很大的技术挑战性，因为几乎所有的同行都采用液态补涂技术。

为了满足红牛的需求，关玉香硬生生地将 16 名员工的小厂的生产水平升级到国际水平，并通过引进技术人员和购买生产设备，成功将粉末补涂技术引入中国。为了更好地配合红牛生产，红牛在北京建厂，奥瑞金也就紧跟着红牛来到北京，在距其800米的地方建立了第二个奥瑞金工厂，完成了服务升级。

有人说，一个易拉罐能有什么技术含量？事实上，这恰恰是奥瑞金的核心竞争力。奥瑞金非常注重产品技术创新，现在已经拥有了16项专利。以易拉罐的厚度为例，20年前易拉罐的厚度是0.21～0.23毫米，现在的厚度是0.19～0.20毫米。而奥瑞金可以生产出0.135～0.15毫米的金属罐产品，并且已经成功研发出低于0.12毫米的易拉罐。这种更薄、更轻的易拉罐大大降低了客户成本。

大客户红牛对产品技术、包装、人才的要求，倒逼奥瑞金完成了企业升级。奥瑞金的业绩也随着红牛的热销而水涨船高，其于2012年10月11日在深交所上市。取得胜利后的奥瑞金开始不断地开发大客户，比如旺旺、露露、苏萨、汇源、康之味、青岛啤酒、燕京啤酒、雪花啤酒等知名企业。

奥瑞金的成长路径告诉我们一个真理：先有客户升级，后有企业升级。尤其是大客户，大客户的要求与小客户的要求是完全不一样的，它们的要求更高。因为大客户的标准很高，所以企业要满足大客户的标准，企业的标准就必须高，而这会倒逼企业进行产品升级、人才升级、组织升级、服务升级、流程升级等。正因为客户标准升级了，企业才会围绕大客户的高标准来优化资源配置，即用最好的产品、最佳的团队、最高效的流程等去服务高标准的大客户，这使得企业的"升级之轮"进入了自循环。企业只有站在"巨人"的肩膀上，才能成为"巨人"。

如果企业经营者还纠结、徘徊在企业升级的问题上，不知道从哪里下手，不妨问问自己：我的大客户是谁？它们的要求是什么？

**大实力：和谁在一起，就会成为谁**

企业做大客户开发的第三个原因是大客户等于大实力。

晋朝文学家和哲学家傅玄在《太子少傅箴》里写道："近朱者赤，近墨者黑。"这句话的意思是靠近朱砂就会变成红色，靠近墨汁就会变成黑色。

古代圣贤告诉我们，和谁在一起，就会成为谁。我们和懒惰的人在一起，会变得懒惰；和勤奋的人在一起，会变得努力上进。企业服务客户也是同样的道理，企业服务什么样的客户，就会成为什么样的企业。大客户大多是行业里的佼佼者，有着卓越的管理方法、优秀的人才、先进的技术、雄厚的资金等，企业在服务大客户的过程中，也在学习大客户的优点和长处。这个过程是先学习其表，再领悟其里的过程，是一个由量变到质变的过程。当企业发生了质变，就表明企业已经成为"谁"。

2022年4月22日，蓝思科技发布了2021年年报。2021年年报显示，蓝思科技实现营业收入452.68亿元，同比增长22.55%。有意思的是，在2021年年报中，蓝思科技罕见地披露了第一大客户——苹果，而蓝思科技来自苹果的营收占比升至66.49%。

蓝思科技由周群飞创立，从手工作坊到中小企业、标杆企业、上市企业，经历了10多年的摸爬滚打。2020年9月10日，"2020

中国民营企业500强"榜单发布,蓝思科技名列第88位。作为一匹创业界的黑马,蓝思科技能够创造出如此惊人的业绩,离不开与苹果和摩托罗拉两位大客户的共同成长。

2003年,摩托罗拉准备推出V3手机,想要为手机配置玻璃盖板,但原来的日本供货商在玻璃印刷方面存在质量问题。周群飞听到消息后,带领团队,攻克了玻璃镀膜后钢球自由跌落而能不破碎的技术难关,解决了摩托罗拉"不让美国政要或明星划伤脸"的要求,同时改进了镀膜技术及印刷油墨,完美地解决了原日本供应商产品存在的质量问题,因此蓝思科技成为摩托罗拉视窗镜片的独家供应商。在这之后,周群飞迅速创立了蓝思科技,而摩托罗拉也成为蓝思科技的第一个国际大客户。后来,摩托罗拉V3手机在全球畅销1亿多部,一举奠定了周群飞在这个行业里的领先地位,而蓝思科技也随之迅速发展壮大。

如果说摩托罗拉为蓝思科技打好了坚实的增长基础,那么蓝思科技的真正飞跃,则源于全球智能手机和平板电脑时代的到来。2006年,苹果率先引入玻璃智能触控技术,但当时日本、中国台湾的企业都做不出符合标准的盖板,而蓝思科技凭借自己的技术积累,夜以继日地按照苹果的要求研制直至成功,成为苹果的独家供应商。苹果成为蓝思科技的最大客户,其订单额占企业销售额的一半。

从此以后,蓝思的客户名单上都是苹果、三星、华为、小米、LG、富士康等大客户,这些大客户也为蓝思科技贡献了源源不断的巨额利润。同时,与这些国际一线品牌的合作,让蓝思科技在工艺、材料、设备等方面的创新势头持续领先。截至2021年年底，蓝思科技累计获得授权专利2 000多项，涵盖加工工艺、产品检测、设备开发、新型材料、工业互联网、生产数据化、智慧园区、企业资源管理等领域。2021年年报显示，蓝思科技将把新能源汽车作为未来第二增长极，目前已经在消费电子和新能源汽车行业赢得了一批优质、稳定的国际知名品牌客户，比如宝马、奔驰、大众、理想、蔚来等。

唐代名相房玄龄等在《晋书·慕容垂载记》中写道："时来易失，赴机在速。"他的本意是指战争中要迅速抓住战机。商场如战场，在商业浪潮中，迅速抓住机遇也是企业经营者的必备能力。从一家玻璃图案印制厂发展为最大的手机玻璃供应商，蓝思科技抓住每一个与大客户合作的机会。在合作的过程中，它不断苦练内功，增强自己的实力，最终跻身"鲸鱼圈"，成为"嫁入豪门"的成功典范。

物以类聚，人以群分。当企业成功"嫁入豪门"，跻身"鲸鱼圈"时，这个圈子会给企业带来很大的增量。这种"与龙共舞"所产生的资源整合优势，会加速企业成为行业龙头的步伐。

"认知改变命运，圈层决定命运。"不管是经营人生，还是经营企业，都是一个通过不断选择别人，来改变自己和提升自我境界的过程。"良禽择木而栖，贤臣择主而事。"企业选择什么样的客户，不仅能影响企业的今天，还能左右企业的明天。

综上所述，大客户是企业在商业市场安身立命、拼杀竞争的筹码和后盾，拥有了大客户，企业就有了大业绩、大升级、大实力。同时，企业还可以通过大客户在行业内获得话语权，获取更多优质的客户资源。这就是大客户对企业的价值和意义，也是企业经营者要树立大客户意识的原因。企业经营者的大客户意识越强，企业的竞争力就越强，增长的"塔基"就越牢固。

## 大客户组织：组织三件事

企业做大客户开发的"第二部曲"是建立大客户组织。

大客户开发是基于企业战略的一种经营管理模式，它需要组织与流程设计以用户为中心，要基于用户来决定企业的组织结构与流程，所以企业经营者要建立以用户为中心的大客户组织。

企业建立大客户组织具体要做三件事，我把它们称为"组织三件事"，如图3-4所示。

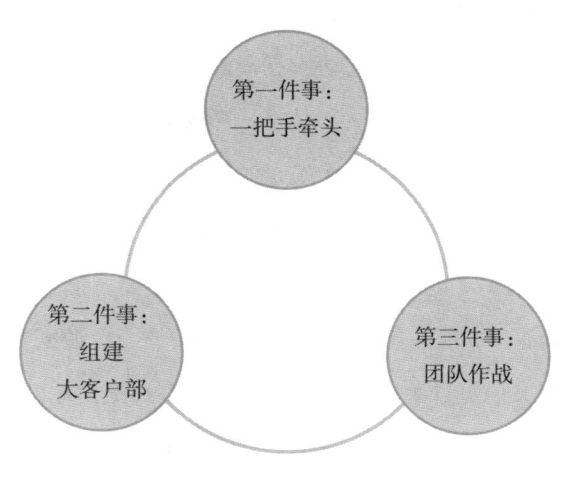

图3-4　组织三件事

## 第一件事：一把手牵头

企业建立大客户组织要做的第一件事就是一把手牵头。这里所说的一把手，对于小微企业来说，是老板；对于中小企业来说，是创始人或 CEO（首席执行官）；对于大企业或上市企业来说，是董事长、业务一把手和分公司总经理等。

为什么大客户开发要由企业一把手牵头？

一是"大王"对"大王"。大客户开发由企业一把手牵头，意味着企业对大客户的重视度最高。大客户开发讲究实力对等、身份对等，企业不能让一个普通员工去对接大客户，这样会让大客户认为企业不重视自己。例如，某上市企业一直在做大客户开发，将大客户取名为"大王"，既然对方是"大王"，那么该企业不能派一个"小兵"去服务他。最基本的逻辑是"大王"对"大王"，因此该企业也会用"大王"（企业一把手）来服务大客户。所以该企业与大客户签约时，总裁和副总裁一定到场。

二是只有一把手才能调动所有资源。企业要想成功开发大客户，就需要投入大量的人力、物力，需要匹配最高等级的资源，而这件事只有靠企业一把手才能完成。如果企业把这件事交给业务部门去做，那么业务部门看到的可能都是眼前的、局部的利益。只有企业一把手才能毫无畏惧地站在企业层面，牺牲短期利益，调动一切资源，大胆、持续地为开发大客户进行资源配置。

我在前文说过，某上市企业的大客户签约是由总裁和副总裁亲自挂帅。每周三，该企业的整条营销线都要召开"大王会议"。在"大王会议"上，总裁和副总裁都会深度参与以下工作：

- 工作一：检查各分公司大客户目标完成情况。
- 工作二：了解每个大客户的开发进度及成果。
- 工作三：检查大客户开发的关键动作是否到位。
- 工作四：了解大客户开发的障碍，并及时给予指导。
- 工作五：安排并监督总部资源支持和政策支持的情况。
- 工作六：实时调整激励机制和奖惩措施。

同时，作为该企业的业务一把手，副总裁每次出差到一个地方，要做的第一件事就是去找当地的大客户沟通、跟进，聊完后到当地的分公司，组织分公司的业务团队开会，想办法解决大客户提出的问题。

无论是该企业，还是前面我提到的奥瑞金和蓝思科技，在做大客户开发时，都是由企业一把手牵头。

大客户开发是一个持续看向未来的过程，是一个动态的过程。企业一把手是一家企业的船长和舵手。只有一把手，才既能看见远处的目标，又能把控航行的方向。大客户开发，不是企业这艘大船内部的修修补补，而是在商业浪潮中重新定位并参与竞争，这需要船长来规划航线、定位目标、组织全体船员。成功的大客户开发，必须由企业的一把手牵头。

**第二件事：组建大客户部**

企业建立大客户组织要做的第二件事是组建大客户部。一个员工是"钓"不到大客户的，企业要组建一个大客户部，由专业的部门来开发和服务大客户。

对于组建大客户部，不同的企业有不同的组建方式。

小企业可以采用项目制方式，即首先锁定大客户，然后把各个部门的精兵强将调到大客户部，共同为大客户服务。

规模大的企业可以采用直接组建大客户部的方式，即首先，企业对所有的客户进行分层，把大客户放在顶层；然后，企业挑选精兵强将纳入该部门；最后，企业要为大客户部设立更佳的服务标准和服务流程，培训员工按照标准和流程去做开发和服务，并进行追踪检查。

两种组建大客户部的方式不一样，但目的是一样的，都是更好地服务大客户。企业可以根据自己的实际情况，选择其中一种方式。

企业成立大客户部的要点是配置精兵强将来服务大客户。成立大客户部最难的就是岗位调整，企业经营者一定要从上到下地配置精兵强将来开发和服务大客户。

例如，近年来，越来越多的商业银行开始频繁发行银行卡，银行卡的品种、功能也越来越多。而新发行的银行卡推向市场和抢占市场的难度越来越大，因此从其他商业银行手中夺取优质客户往往是各行的首选策略。如果建设银行在大客户的服务上不早做准备，那么一些大客户会流失，龙卡利润来源将有枯竭的危险。为此，建设银行成立了一个专门的部门来负责这项工作。这个部门的工作主要是界定大客户和建立档案，制定大客户的服务标准、服务手段、服务方式，接受大客户的咨询和投诉，并着手研究大客户的心理、用卡习惯、用卡需求和精神文化需求，积极为市场部门提供有价值的信息资料。同时，为了服务好大客户，每位大客户固定配备一名相当于私人金融顾问的客户经理。这位客户经理一定是由在道德素质、业务素质、心理素质等方面最强的员工担任。凭借最好的人才队伍配置和为大客户提供个性化、差异化的服务，建设银行的大客户部很快成功拿下一批大客户，为龙卡的增长打下了坚实的基础。

需要注意的是，企业组建大客户部不仅仅是一个简单的组织架构调整，而是从企业的价值观、各层级管理者的以身作则，到服务大客户的业务人员选择，再到整个流程、机制的所有要点都要一一到位，否则企业的大客户部只是一个"伪大客户部"。

企业在组建大客户部时，一定要让最好的人才去服务最有价值的客户。

### 第三件事：团队作战

企业成立大客户组织要做的第三件事是团队作战。

大客户开发一定是团队协同作战的，一个人能力再强，也不能做好大客户的服务与价值创新。团队作战可以分工协作、优势互补，形成最强的力量组合。为了服务好大客户，企业可以根据客户的需求调整队形，匹配相应的人员，形成多种形式的团队。团队作战不是一成不变的，可以是三个人组成一个团队，也可以是五个人组成一个团队。

例如，2006年9月，华为在苏丹的一个重要项目竞争中打了败仗。曾经参与该项目的一位华为员工说，他们不仅输了项目，还输了"人"。输的原因是竞争对手在TK站点设计出太阳能和小油机发电的光油站点，而华为的方案还是用传统的大油机。竞争对手的解决方案充分考虑了为客户降低运营成本，为客户创造价值。这一仗让华为输得很惨。

在复盘打败仗的原因时华为发现，客户线的人员本来在与客户的交流中获取了这条信息，但却没有把信息有效传递给产品人员。而产品人员由于受到传统报价模式的影响，错失良机。华为苏丹代表处痛定思痛，在随后的工作中慢慢总结出了铁三角运作模式。华为铁三角运作的雏形是客户经理、产品经理、交付经理等角色融合到一起。他们一起见客户、一起交付、一起办公，甚至一起生活，面对客户的时候不再七嘴八舌，各执一词。不但如此，他们还通过融合逐渐了解彼此领域的知识和技能。客户提出的每一个问题都有回应，客户交代的每一件事情都有着落。对于客户来说，华为变成了一个靠得住、信得过的伙伴。

随着客户的认可，华为苏丹代表处的业务一改过去的颓势，得以快速发展。该代表处取得成功后，地区部也借鉴这一模式，在关键客户系统部进行推广，也取得了不错的成绩。后来，华为对这一模式进行提炼和萃取，并在全国进行推广，最终形成华为的铁三角运作机制。这一市场模式帮助华为在这十多年间取得突飞猛进的增长。

关于铁三角，任正非有一个经典的点评："我们系统部的铁三角的目的就是发现机会，咬住机会，作战规划前移，呼唤组织力量，实现目标完成。系统部的铁三角不是一个三权分立的群体，而是一个紧紧拥抱在一起，聚焦客户需求共同作战的单元。它的目的只有一个，那就是满足客户需求，成就客户理想。"

现在企业里应用最广泛的团队作战方式就是铁三角组合。什么是铁三角组合？铁三角是由领导者、业务员、专家三种角色组成的。在铁三角组合里，三种角色有着不同的分工。领导者主要负责调动所有资源，起到第一推动力的作用；业务员主要负责客情关系维护、商机捕捉、信息获取等工作；专家代表专业和实力，主要负责为大客户提供解决方案。

铁三角组合里的三种角色紧密合作，构成了一线的动作模式。这样的模式能够准确地发射"炮火"，"炮火"又能高效地射向一线，这样的一线运作模式可以快速响应客户的需求，抓住市场机会。

同时，铁三角组合还可以很好地培养基层管理者和业务员。通过一线运作模式的锤炼，铁三角组合中的三种角色可以互相激发与促进，每一个人都会得到良好的锻炼，掌握多项技能，实现一专多能。

采用铁三角组合的模式有两个注意事项：一是铁三角组合不是固定的，它是随时组织、随需组合的；二是铁三角组合不是由三个人组成，而是三种角色或者三种功能。三种角色可能是5个人，也可能是8个人。比如某上市管理教育企业的分校在做大客户运营时，分校的总经理既是领导者，又是专家。

## 大客户方案：大产品+好政策

企业做大客户开发的"第三部曲"是设计大客户方案。

通过前面的"两部曲",企业经营者树立了大客户意识,也搭建了大客户组织,让大客户对企业产生了合作兴趣,这时企业就要提供大客户方案了。那么,什么样的方案才能让大客户"上钩"呢?

企业在做大客户方案时,想要让大客户"上钩",方案至少要包括两大内容:一是大产品;二是好政策。

### 大产品:"王牌"对"王牌"

大客户方案一定要有大产品。什么是大产品?就是企业最好的产品或服务,用某企业的话来说,就是"王牌"对"王牌",企业要拿出自己的"王牌产品"。

俗话说:"没有金刚钻,别揽瓷器活。"同样,没有大产品,别做大客户开发。很多企业之所以"钓"不到大客户,最关键的原因是没有真正意义上的大产品。一般来说,大客户对产品价值的要求很高,企业要以十倍力量打造出能够打动大客户的大产品。

我在服务企业的过程中,发现很多企业没有自己的大产品,也做不出大产品。原因有很多,比如企业的技术支撑不足、研发实力不够、抓不住用户的痛点等。不过,通过挖掘,我发现企业做不出大产品的真正原因只有一个:产品不聚焦。

双汇集团几十年来聚焦火腿肠这一产品,成为世界500强,还没有竞争对手能够轻易模仿;卖方便面的统一集团从原来100多个单品,砍到只剩下10个单品,把所有的资源、精力和时间都投入自认为最有增长潜力的某个产品,最后该产品一年后的营收额达到5亿元……这些企业无一不是在专注做一件事——产品聚焦。

"一招鲜"能让企业在同质化竞争中脱颖而出,"拳头产品""王牌产品""尖刀产品"是每家企业都梦寐以求的。但这种产品的打造依靠"广撒网"——大量生产不同产品,能实现吗?显然是不行的。要想"一招鲜,吃遍天",企业必须做好产品聚焦。

说到这里,有的企业经营者会说,企业扩张自己的产品线是为了满足不同用户的需求。这种说法听起来好像很有道理,其实不然。因为问题的关键在于:用户的需求难道仅仅是产品的多种类吗?很显然,用户其实更在意的是产品的品质。如果企业一心只想着扩大产品线,但又无法在每一个产品上投入足够多的资源,进而导致产品的品质下降,那么这样的产品再多又有何用?经验告诉我,不懂得聚焦产品会让企业无法为用户提供独特的价值,最终失去核心竞争力。

正是站在这个角度,我才说不聚焦就是产品失败的根本原因。企业想要做出大产品,就要用十倍的力量去做一个产品,具体的要求就是坚持产品的"四个一工程"——"1米宽""1 000米深""10 000米深""100 000米深"。

"1米宽"指的是企业要找准"井口",将"井口"开在大产品上;"1 000米深"指的是企业做产品时要学会断、舍、离,即企业在锁定了一款大产品后,对剩下的产品要该卖的卖掉、该砍的砍掉;"10 000米深"指的是企业的大产品必须具有专、精、深的品质;"100 000米深"指的是企业的大产品要不断满足用户需求乃至超出用户的期望。

以前文提到的梦祥银为例。梦祥银为了成功"钓"到大客户，集中所有资源主攻"尖刀产品"，砍掉剩下的10 000多款产品。经营企业时，做加法简单，梦祥银每年都增加数百款产品。但做减法难，砍掉任何一款产品，都会有人不满，会损害许多人的利益。

在提出砍掉剩下的产品时，梦祥银内部出现了反对的声音，几乎所有人都不同意。产品总监和生产总监认为这样做过于武断，他们说："梦祥银的每款产品都是我们精心研究、设计、孕育的，也都对企业有过贡献。还是换个法子吧，否则是会影响生产量的。"产品研发部门则认为，每款产品都带着温度，都是自己的孩子，砍掉这些产品就犹如杀掉自己的孩子。梦祥银的经营者反问道："很多产品已经在仓库里放了两三年，如果它们是你们的孩子，你们会让孩子这么久不出门吗？"

但众人依旧认为这些产品有销售出去的机会。销售副总裁提议给他一段时间，他一定将这些产品卖出去。几个月后，滞销的产品依然滞销。销售副总裁再次申请降低这些产品的价格，以将其销售出去，但这显然不是一个明智的选择。梦祥银的经营者告诉他："降价销售不是在保护品牌，而是在损害品牌，是在拉低这个品牌的维度。一旦这些产品降价流入市场，以后梦祥银的产品在客户心中都只值这个价了。"

这是许多企业在做减法时遇到的问题。虽然这是一件难而正确的事情，但再难也得做，要做真正为企业贡献价值的事情。如果全凭个人喜恶行事，企业将难以生存。最后，梦祥银大刀阔斧地砍掉 10 000 多条生产线，将 10 000 多款产品下架，只留下了满天星纯银手镯和其他几款 A 级产品。

通过产品聚焦，梦祥银很快解决了产品库存高的问题，在两年内将 2.2 亿元的库存降到 1.1 亿元，将 1.1 亿元库存变成了实实在在的收益。

企业要想打造出大产品，就要聚焦大产品，潜心钻研十年，而这就要求企业经营者必须冲破人性的捆绑，专注于"一生一事"，方能成事。

### 好政策：一客一策

大客户方案要有好政策。那么，什么样的政策才是好政策呢？

我们可以通过消费心理学找到答案。人在消费时，有希望得到优待与特殊照顾、受到重视的心理。基于此，企业可以设立"一客一策"的政策来匹配大客户的消费心理。一客一策就是针对不同的大客户，采用不同的策略。

东方航空公司的大客户政策是给予每位大客户一张特殊的白金卡。如果公司遇到持有白金卡的乘客，那么整个机组都会紧张起来：如果这位乘客的座位不在头等舱，那么乘务长会立刻查看头等舱是否还有空位，有的话就会为这位乘客提供升舱服务；清洁人员会将白金卡乘客的座位重新打扫一遍，确认桌椅、毛毯、枕头等到位；乘务员会时时刻刻关注白金卡乘客的动向，及时为其提供服务，比如乘客咳嗽一声，马上送上一杯热水，或是乘客下飞机时，联系乘务长专门送其出舱；等等。整个乘务组为白金卡大客户提供服务的品质，比坐头等舱的客户还要高，且真正地做到了无微不至。

不仅航空业存在这一现象，酒店业同样如此。如果我是某家国际知名五星级酒店的金卡客户，那么从我预定的那一刻开始，这家酒店就会全面、系统地对我进行政策倾斜。即便我预定的只是普通客房，酒店也会在征得我同意的前提下，免费将我的房间升级为 VIP 房甚至 SVIP 房。更令人惊喜的是，当走进房间的时候，我会有一种似曾相识的感觉。因为在房间里，无论是床上的枕头、被子、床单，还是书桌上的插花、摆件，甚至是卫生间的洗漱用品等，全都是我最喜欢的。

企业之所以要设计"一客一策"的政策，目的就是把企业最好的资源配置给最有价值的客户。企业在做大客户方案时，具体可以从以下两个方面入手。

一是个性化定制，对症下药。在数字化时代，企业可以使用大数据技术，获取客户的偏好、购买习惯等大量真实的数据，然后通过持续的跟踪、记录、分析，真正掌握客户需求，在大客户还没有开口之前就满足他们的需求，让他们感到超出预期。

千人千面的本质是判断用户的需求，量身定制。不过，即使技术上能够做到千人千面，企业的资源也不可能支撑得住对所有用户不计成本地投入，因为企业最重视投入产出比。所以，企业在资源倾斜上，一定是优先满足大客户的需求。

二是为大客户开通"绿色通道"。企业可以为大客户开通"绿色通道"，例如：符合条件的大客户可以免费申请体验产品；年度消费达到一定额度的大客户，由创始人亲自服务；如果大客户要求企业为他提供服务，那么企业一定是第一时间安排下去，迅速提供高质量服务；如果大客户有异议或投诉，那么企业一定是第一时间处理，甚至会打破常规，为大客户提供特别的补偿服务。

总结一下，企业设计的大客户方案至少要包括两大内容：大产品和好政策。只有这样的方案，才能在重视个性化和体验的当下打动大客户，赢得他们的青睐，帮助企业成功"钓"到大客户。

## 大客户推进："两表两会"

企业做大客户开发的"第四部曲"是大客户推进。

为什么我要用"推进"二字呢？因为大客户的开发是步步为营的，企业要在每个关键环节上取得突破，才会取得阶段性成果。大客户开发的每个动作都是暂时的，这意味着大客户开发没有完成时，只有进行时。

那么，企业要如何做好大客户推进呢？

大客户推进要靠管理手段。企业可以通过两个表格和两场会议来实行强有力的推进，我称之为"两表两会"。

### "两表"：大王名单表＋大王跟单表

大客户推进的"两表"指的是"大王名单表"和"大王跟单表"。

"大王名单表"是指大客户的名单清单表。在企业对目标大客户进行分析之前，业务人员需要做好大客户的资源盘点，将大客户一一列出，输出清单，然后经过企业审核确认才能将其录入大客户的名单管理系统。这样做的目的是进行锁定式开发——先锁定大客户，后开发大客户。

"大王跟单表"是指企业服务大客户的业务流程表。企业服务大客户的流程又叫作"行动八步"，如图 3-5 所示。企业要让业务员填写好"大王跟单表"，以了解大客户推进到哪一步了，有什么样的成果，采取了什么样的推进方法等。

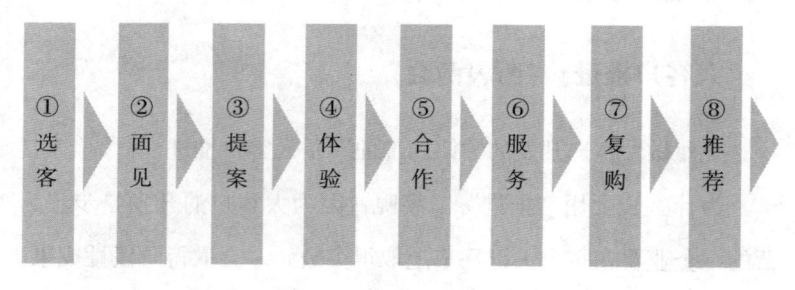

① 选客 ▶ ② 面见 ▶ ③ 提案 ▶ ④ 体验 ▶ ⑤ 合作 ▶ ⑥ 服务 ▶ ⑦ 复购 ▶ ⑧ 推荐

图 3-5 "行动八步"

### "两会"：大王分析会 + 大王分享会

"两会"是指"大王分析会"和"大王分享会"。

"大王分析会"是指企业针对前面的动作进行复盘、反省、查缺补漏，以进一步赢得大客户的心。例如，某企业的"大王分析会"定在每周三，在"大王分析会"上，该企业会做两个动作：一是了解大客户，包括大客户的战略、大客户的需求等，做到知己知彼；二是分析大客户部在推进大客户的过程中遇到什么样的障碍，存在什么样的误区，有什么突破方法，哪些做得不好的地方需要改进等。

"大王分享会"指标杆分享。企业可以让做得好的员工在会上分享自己的成功经验，让其他人也能少走弯路，以减少开发大客户的时间和试错成本。

例如，某企业的"大王分享会"定在每周二晚上，在数字化平台上，该企业通过"标杆夜校"的方式把标杆员工的经验、话术、工具表单通过直播分享给全国各地的小伙伴，做到信息共享、经验共享、资讯共享、方案共享。

通过大客户开发四部曲，企业与大客户相互成就，共同成功。成就大客户是因，实现企业增长是果。企业经营者要在因上努力，在果上反省。

## 第一用户服务：如何服务好第一用户

选择第一用户的第四象限是第一用户服务。

企业首先通过第一用户画像公式找到自己的第一用户，然后通过第一用户分类找到最关键的1%用户，最后通过大客户开发成功"钓"到大客户，这是否意味着企业就能实现迈向第一的增长了？

当然不是。即使企业选择了定位精准的第一用户，也成功"钓"到大客户，如果没有制定好匹配第一用户的服务政策和机制，提升用户价值，那么再好的第一用户分类和再多的大客户，都等于零。所以，选择第一用户的最后一步是企业要制定好匹配第一用户的服务政策和机制。

企业在这一步可以做两个动作：一是对员工进行分类，让A类员工服务A类用户；二是建立用户流转制和用户限时跟进制。

## 员工分类：A类员工服务A类用户

在我的课堂上，经常有中小企业的经营者问我："我的企业也做了用户分类，还做得非常仔细，但最后分类出来的大客户也好，A类用户也罢，都没有为企业创造出任何价值，这是为什么？"

这时，我一般会反问对方："你是用什么样的员工服务第一用户的？"

我得到最多的答案是：和以前一样，用企业现有的员工服务第一用户。有的企业由于人才匮乏，竟然会用试用期员工来服务第一用户。这意味着企业犯了一个致命的错误：企业的用户升级了，企业却没有对服务进行升级，没有用最好的员工去服务最好的用户。

很多企业会犯类似的错误。比如企业把一位大客户分配给一个普通业务员去服务与跟进，结果几年过去了，不仅业务员没有获得大客户的信赖，反而让大客户选择了竞争对手。

所以，企业做好用户分类管理后，紧接着要做一件事——员工分类管理。企业之所以要做员工分类管理，一般有以下三个目的。

第一，帮助员工了解所在岗位的主要工作内容、目标和价值。员工分类是通过科学、合理、公正的方式为企业和个人制定出目标来指明工作方向，让员工清晰地知道自己的工作内容，从而明确自己的目标及价值。

第二，调动员工积极性，激发员工潜能，最大化地实现自身价值。员工分类是激励的手段，可以通过绩效考核，把员工聘用、职务升降、培养发展、劳动薪酬结合起来，便于员工建立不断自我激励的心理模式。

第三，实现最大化的有效劳动，完成最大化的价值创造。虽然企业里每个人都在劳动，但其产生的价值却有天壤之别。就用户运营而言，不同的用户有不同的要求，要匹配不同的开发技能、方法和流程。企业让一个新员工去开发大客户就是无效劳动，因为就新员工的资源和能级而言，根本不可能成功开发大客户，所以他的劳动创造不了价值。同样，让一个老员工去跟进C类用户，更是生产力的巨大浪费。一个业务高手和一个业务新手创造的劳动价值可能有上万倍的差距。员工分类的核心目的就是通过分工实现最大化的有效劳动，完成最大化的价值创造。

如何对员工进行分类呢？

企业经营者可以通过员工绩效考核和二八法则，将员工分为A、B、C三类。A类员工是指占企业员工总数的20%，却为企业创造80%的价值的员工；B类员工是指占企业员工总数的60%~70%，但仅仅为企业带来8%的效益的员工；C类员工则是指那些占企业员工总数的10%~20%，但不仅不能为企业创造效益，有时还会给企业造成损失的问题员工。

显然，A类员工是企业最有价值的人力资源。企业要用A类员工服务A类用户。

我在前文分享了企业把用户分为四大类，分别是大客户、A类用户、B类用户和C类用户。根据企业的业务性质，我把服务用户的员工也分为四大类：企业一把手或业务一把手；管理层或核心员工；一年以上的老员工；新员工。如何做到让A类员工服务A类用户呢？

首先，一旦企业锁定大客户，就要上升到战略高度，从企业层面进行操作，企业一把手或业务一把手要亲自出面，与大客户部一起服务大客户。

其次，对于A类用户，企业会把开发与服务工作交由管理层或核心员工负责，同时规定，服务A类用户的员工必须放弃服务B类用户和C类用户，专注于服务A类用户。

再次，企业会把B类用户交由一年以上的老员工服务。这类员工也要聚焦B类用户，不能去服务大客户和A类用户，也不能去服务C类用户。如果一年以上的老员工去服务大客户和A类用户，就是在无效劳动，不仅不会创造价值，还会因为做不好用户服务而让企业损失用户；如果一年以上的老员工去服务C类用户，就是在浪费资源，因为他们有能力做得更好。

最后，企业会把C类用户交由新员工服务，以锻炼新员工的"钓鱼"技巧。

如此一来，企业员工分类服务用户标准就非常清晰了，如表3-5所示。这样一来，企业就可以保持稳定的用户增长，老客户不断沉淀，同时有新客户不断涌入。

表3-5 企业员工分类服务用户标准

| 用户类型 | 服务员工 |
|---|---|
| 大客户 | 企业一把手或业务一把手 |
| A类用户 | 管理层或核心员工 |

（续表）

| 用户类型 | 服务员工 |
| --- | --- |
| B类用户 | 一年以上的老员工 |
| C类用户 | 新员工 |

接下来的案例是上文提到的梦祥银。

在人才的配置上，梦祥银让最好的人才去服务最有价值的客户。在梦祥银，只有副总经理及以上级别的管理层才可以服务A类用户。剩下的B、C、D类用户则分别由市场总监、省区经理和业务员服务。表3-6为梦祥银的员工分工服务表。

**表3-6 梦祥银的员工分工服务表**

| 用户类型 | 年度销售额 | 服务员工级别 |
| --- | --- | --- |
| A类用户（标杆用户） | 500万元以上 | 副总经理及以上级别的管理层 |
| B类用户 | 300万~500万元 | 市场总监 |
| C类用户 | 100万~300万元 | 省区经理 |
| D类用户 | 100万元以下 | 业务员 |

通过让A类员工服务A类用户，梦祥银实现了企业增长。在2020年新冠肺炎疫情最严重的3个月里，在所有业务人员都没有出差的情况下，梦祥银的客户主动向总部回款，回款金额超过1亿元。

以上就是企业通过员工分类管理，让A类员工服务A类用户的方法及应用案例。不同的企业，员工分类的方法不同，比如阿里巴巴把员工分为明星员工、白兔员工、土狗员工、野狗员工和金牛员工。但不管用什么样的分类方法，企业都要把握一个核心原则：让 A 类员工服务 A 类用户。

## 建立两制：用户流转制和用户限时跟进制

第二个动作是建立用户流转制和用户限时跟进制。

企业在服务第一用户的道路上，要解决一个非常关键的问题——员工的动力和动机。无论企业的第一用户画像公式设计得多么合理，第一用户分类得多么合理，员工不愿干、干得慢，企业增长便无从谈起。

那么，如何激发员工的动力呢？要从根本上解决这个问题，关键在于知人性，识人欲。商业是和人打交道的，用户是人，团队是人，供应商、经销商都是人。只有理解人性的本质，企业才能真正激发出人的动力。

人的本性是趋利避害，这是与生俱来的，是人类行为的基本准则。而企业想要用制度来约束服务员工的人性，至少要设计两个机制：一是用户流转制；二是用户限时跟进制。只有这样，才能打破吃"大锅饭"的僵化和恶性循环，实行多劳多得、按劳取酬。

### 用户流转制

什么是用户流转制？

"流转"是指流动、转移。用户流转制是指如果用户在一个员工的手里时，该员工没有给用户创造价值，那么这个用户就会被转移给其他员工。

对于很多销售型企业，用户资源的分配问题一直困扰着它。

企业既希望用户能够得到最大程度的开发,但又要保证用户资源分配的公正性和透明性。毕竟企业的用户资源是有限的,如果用户资源分配不合理,不仅会引起业务人员的不满,还会严重挫伤业务团队的士气。有的业务人员为了保证自己的用户资源充足,会不断地从企业的"公海"里领取用户;有的业务人员即便自己没有能力去开发用户,还是不愿意放弃用户,使得用户被长时间搁置一旁,错过了开发的最佳时机;等等。

企业解决这些问题的最好方法就是建立用户流转制,实现用户资源在企业内的有效流转和循环。表 3-7 为企业用户流转制的具体内容(以某上市管理教育公司为例)。

表 3-7 企业用户流转制的具体内容

| | 用户流转制 |
|---|---|
| 总体原则 | 1. 分校校长对分校所有用户有直接调配权<br>2. 学习官名下的用户的行业类别不多于 3 个,对用户开发要做到专、精、深 |
| 客户分配规则 | 1. 新入职伙伴的用户资源分配<br>(1)分校校长必须在两个月内调配 10 个老用户资源给到新伙伴<br>(2)所属团队的总监须在两个月内调配 10 个符合 5A 画像的新、老用户资源给到新伙伴<br>(3)新伙伴须在两个月内自行筛选 10 个符合 5A 画像的用户资源 |
| | 2. 伙伴离职、调职后的用户分配<br>(1)接到学习官离职或调职通知,分校销管需在 3 个工作日内对其名下用户进行冻结或回收(跨区域用户直接回收属地公司)<br>(2)分校销管对回收的名单行业和区域做标签分类,报分校校长进行分配<br>(3)学习官和几位总监将不再保留用户,其名下的有余款用户在一年内消费,提成按 100% 核算,逾期只享受团队管理提成 |

（续表）

| 用户流转制 ||
|---|---|
| 客户分配规则 | 3. 新成立团队、解散团队的用户分配<br>（1）对老团队：分校校长根据每个团队聚焦的行业、员工级别做调整配置，有用户回收权和分配权<br>（2）对新团队：分校校长配置 30 个符合 5A 画像的新、老用户资源给到新团队<br>（3）对解散团队：分校销管直接回收用户至资源库，以备后续用户调配（分校销管和客服不配置用户） |
| | 4. 在某区域设立的分校或办事处的用户分配：该区域所有用户由总部销管统一回收后，转到新成立的分校或办事处（以 OA 系统公布的成立日期为准）<br>（1）无余款用户（1 万元及以下）：自分校或办事处成立日期起 1 个月内由总部销管统一回收划分<br>（2）有余款用户（1 万元以上）：自分校或办事处成立日期起 6 个月内由总部销管统一回收划分<br>（3）活跃用户：分校或办事处成立前已报名未来 3 个月内课程的用户，可申请保留至已报课程结束<br>①如已报课程现场无成交，即刻划分<br>②如已报课程现场有成交，参照有余款用户处理（保留时间为自分校或办事处成立日期起 6 个月内） |

企业在建立用户流转制时，有两个注意事项。一是企业要根据用户的类型酌情设置用户流转的时间。比如，B 类和 C 类用户流转的时间是每 3 个月一次，A 类用户流转的时间是每 6 个月一次。不同级别的用户，流转的时间不一样。二是企业在用户流转时，要按照"A 类员工服务 A 类用户"的原则流转。通俗地说，也就是企业不能把一个 A 类用户流转给 B 类员工，而是应该让 A 类用户在同级别的员工之间流转。

企业也可以运用数字化系统来落地用户流转制，比如行动教育使用 CRM（客户关系管理）系统，通过分配线索、设置客户流转规则，极大地降低用户流失率，提升用户管理效果和销售管理效率。这种做法既能避免因不及时跟进用户而流失，又能提高销售效率和用户流转效率，进而提升企业的业绩。

**用户限时跟进制**

用户限时跟进制是指员工在开发新用户或维护老用户时，跟进的时间是限定的。比如员工多长时间要与用户联系一次、员工多长时间要拜访一次用户、员工多长时间要做一次上门服务等。表 3-8 为企业的用户限时跟进制的具体内容（以某上市管理教育公司为例）。

表 3-8　企业的用户限时跟进制的具体内容

| 事项 | 用户状态 | 管理规定 | 备注 |
|---|---|---|---|
| 新户强开规则 | 新用户 | 1. 录入系统 1 个月内无任何有效服务动作，系统强开；<br>2. 录入系统 6 个月内无成交记录，系统强开；<br>3. 跨区域开发的新用户录入系统两个月内没有成交，所属当地分校强开 | 有效服务动作指见面拜访、DEMO 体验、企业内训、书籍邮寄、信息互动、电话沟通等跟进或服务记录<br>新用户：考核周期 30 天，提前 10 天预警；<br>老用户：考核周期 45 天，提前 10 天预警 |
| | 老用户 | 1. 45 天内无任何有效服务动作，系统强开；<br>2. 1 年内无任何上课记录或成交记录，系统强开 | |

企业在设计用户限时跟进制时，要注意两个要点。

一是每天的工作指标和任务量。每一名业务员每天的工作量是多少？工作标准是什么？比如，行动教育的 CRM 系统里有明确规定：一名业务员一天至少要打 20 个电话或进行两个用户拜访。

二是销售漏斗与业绩的匹配度。它们也可以理解为过程指标。什么是销售漏斗？以一家装饰企业为例，前四个环节是一个大的业务流程，在每一个环节都会流失掉一些用户。如果该企业刚开始拿到了 100 位新用户，在第二个环节可能只有 50 位用户继续保持联系，当走到第三个环节，提交了方案之后，可能只有 10 位用户有意向，而这 10 位用户中最后确定与该企业签约的可能只有 3 位。这个过程其实就像一个漏斗，如图 3-6 所示。

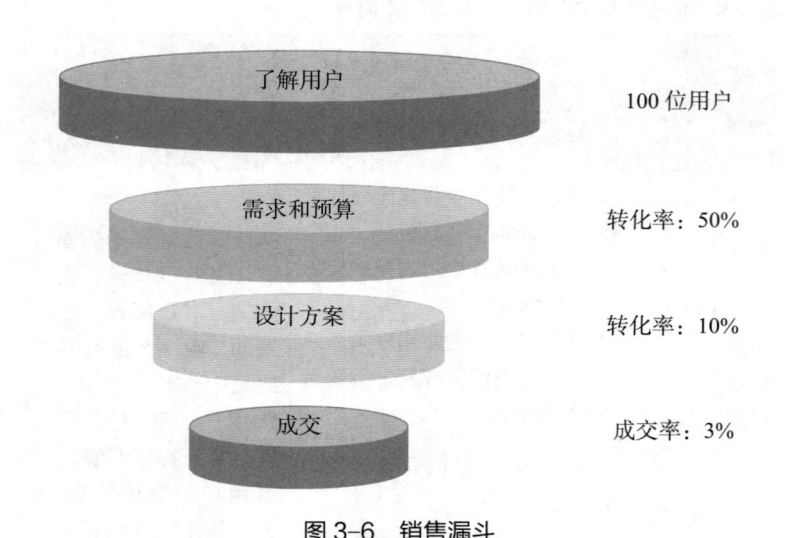

了解用户　　100 位用户
需求和预算　　转化率：50%
设计方案　　转化率：10%
成交　　成交率：3%

图 3-6　销售漏斗

通过销售漏斗，企业经营者可以知道，在评价员工时不能光看最终的业绩，还应该看过程的数据，比如他开发了多少新用户，他在某一环节还剩下多少用户，每一环节的转化率又是多少。企业可以按照这些数据测算员工下个月底的业绩，这才是科学评价一名销售人员的方法。销售漏斗业绩预测表如表3-9所示。

表3-9 销售漏斗业绩预测表

| 平均用户量 | 转化率 | 标准的用户数 | 转化天数 | 销售完成度 | 销售流程 | 商机分析（商机量） | 业绩预测 |
|---|---|---|---|---|---|---|---|
| 100个 / 30个 | 30% | 10个 | 3天 | 25% | 寄资料 / 打电话 / 现场拜访 / 方案展示 / 客户关系 | 100个 | 30个 |
| 14个 | 45% | 14个 | 5天 | 50% | 原型法 / 案例 / 方案呈现 | 20个 | 20个 |
| 8个 | 54% | 2个 | 5天 | 75% | 体验营销 / 沙龙 / 商务谈判 / 签约 | 10个 | 15个 |

总结一下，不管是进行员工分类，让A类员工服务A类用户，还是建立机制，都是为了提升用户价值，做好用户服务。有的员

工在用户消费之前，天天在做联系用户的动作，一天打好几个电话。一旦用户在企业消费了，员工就不再提供任何服务。这就是一种本末倒置的做法。企业要形成成就用户的文化，就要在任何时候服务用户、温暖用户，这是最基本的用户逻辑。

## 本章作业

| 作　业 | 完成情况<br>（完成打√） |
|---|---|
| 用第一用户画像公式找到企业的第一用户标准。 | ☐ |
| 对当前的用户进行分类，写下自家企业的大客户、A 类用户、B 类用户和 C 类用户。 | ☐ |
| 设计一个与自己的行业相匹配的大客户方案。 | ☐ |
| 对企业的员工进行分类，制作员工分类服务用户表。 | ☐ |
| 根据业务性质，建立用户流转制和用户限时跟进制。 | ☐ |

第四章

# 打造一流战斗团队

到这里为止,我们明确了迈向第一的战略选择,让产品成为用户的第一选择,也找到了第一用户,这是否意味着企业可以昂首挺胸地迈向第一,高枕无忧地实现迈向第一的增长了呢?

当然不是。战略也好,产品和用户也罢,最终都要靠团队去落地完成,靠人去实现战略选择、生产产品、服务用户。这就意味着如果企业的团队出了问题,人出了问题,那么前面做得再好都等于零。

我观察过,绝大多数中小企业都面临着类似的问题:业务的发展远远快于团队的发展,人才供应不足成了制约企业增长的瓶颈。战略制胜,团队决胜。企业拼到最后,往往拼的是团队。谁的团队更强,谁带的队伍能打硬仗、打胜仗,谁就能获得商业成功。

提到团队,几乎所有的企业都有团队,这没什么稀奇,所以今天我们再来谈"团队"是没有用的。当每家企业都有团队时,我们要把我们的团队升级为一流战斗团队。原因有两点。一是市场竞争日益激烈，没有能打硬仗、打胜仗的团队支撑的企业，将难以突破持续发展的瓶颈，也难以走向更远的未来。团队的能力越强，企业的增长或转型的速度会越快，就越能在变化的市场环境中不断超越竞争对手。当市场机会来临时，对手还没有准备好，而我们早就练好了"兵"，而这就是我们跑赢对手的关键所在。二是既然我们要实现迈向第一的增长，当然要用一流战斗团队去实现制定战略目标、生产产品、服务用户。唯有如此，我们才能真正迈向第一。

2021年10月，华为成立了5个首批"军团"，这些军团就是华为的一流战斗团队，华为将用最好的"将"和"兵"来打胜仗。在五大军团成立的第一时间里，华为集结了精兵强将，由选拔出来的一把手坐镇，而总指挥权则掌握在任正非手里。2022年3月30日，华为在深圳举行第二批军团组建大会，这一次华为组建了10个军团。任正非在军团组建大会上表示："军团是一个精干的集团组织，市场和服务是全球化的，我们要构建共生共赢的伙伴体系，纳入众多合作伙伴的千军万马，服务好千行百业。为了未来的理想，为了明天，请每一个人都牢记使命，一切为了胜利，一切为了前线，让打胜仗的思想成为一种信仰。"

一流战斗团队对于企业最大的价值在于，通过"小团队、大战力"，迅速在一线市场上实现进攻和突破，让指挥者和决策者听到炮声、看到战火，让团队在一场场战役中快速成长，打造出能打硬仗、打胜仗的团队。

说到打造一流战斗团队，有的企业经营者和管理者认为只有销售团队才需要成为一流战斗团队。这是一个错误的认知，在今天的企业里，所有团队都要能打胜仗。比如：人力资源团队不能打胜仗，就招不到人才，企业就无人可用；技术研发团队不能打胜仗，企业就无法实现技术领先，在市场竞争中获胜；财务团队不能打胜仗，企业的账目就会一团糟，上市就遥遥无期；等等。今天的企业无论身处什么行业，面对什么样的市场，企业里所有的团队都要成为一流战斗团队，企业经营者和管理者要让所有的团队树立打胜仗意识，打造一支敢打能胜的一流战斗团队。

那么，企业如何打造出一支能打胜仗的一流战斗团队呢？

企业向军队、体育队学习，是很多管理学家提倡的方法之一。华为就是一家典型的学习军队和体育队的中国企业。而且不管在哪个国家，最能打胜仗的大都是军队和体育队，它们都背负着一定要打赢的使命。

为了找到打造一流战斗团队的有效方法，我研究了最厉害的一流战斗团队，也研究了企业界最会打胜仗的华为、京东等标杆企业，了解其背后的方法论，复制它们打胜仗的模式，并将其投入实践，通过持续改进和迭代，最终得出了"一流战斗团队打造四部曲"，如图4-1所示。

```
                                              🏃
                                    ┌─────────────┐
                                    │ 04   荣军    ╲
                                    └─────────────╱
                                      奖励"好尖子"
                        ┌─────────────┐
                        │ 03   赛军    ╲
                        └─────────────╱
                          营造"好场子"
            ┌─────────────┐
            │ 02   强军    ╲
            └─────────────╱
              育出"好苗子"
┌─────────────┐
│ 01   选军    ╲
└─────────────╱
  选出"好种子"
```

图 4-1 "一流战斗团队打造四部曲"

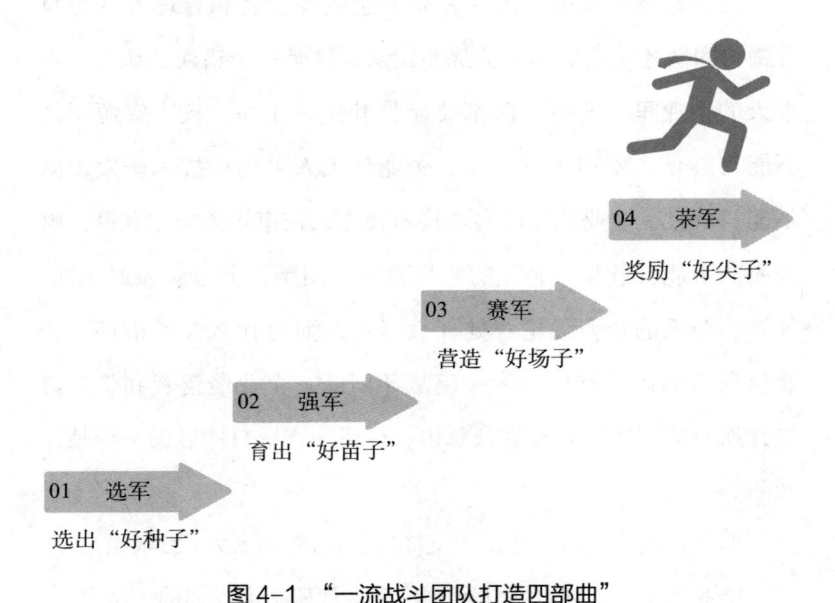

我想特别说明的是，在这四部曲中，选军、强军、赛军、荣军都是动词，而不是名词，要用行动力来实现。

## 选军：选出"好种子"

企业打造一流战斗团队的第一部曲是选军。选军是指选拔、招聘人才。

选择大于培养，企业的成功从选对人开始。只有选出"好种子"，才能育出"好苗子"。所以，企业打造一流战斗团队要从"选"开始，从源头抓起。那么，企业要选什么人呢？

当然是"将"和"兵"都要选。在这里我将重点分享企业如何选"将",选将主要指管理者的选拔。企业只有选出"良将",才能更好地选出"精兵"。俗话说,兵熊熊一个,将熊熊一窝。选对将,是企业打造一流战斗团队的关键。

从古至今,不管是两军交战,还是企业的市场之战,"将"都是军队和企业打胜仗的关键。比如:姜子牙运筹决策,在牧野之战中以少胜多、以弱胜强,击溃殷商;诸葛亮运筹帷幄之中,决胜千里之外,带领蜀国赢得一次又一次的战役;华为常务董事余承东多次主动请缨,带领团队拿下多个区域市场;等等。

在现实中,我们经常能看到有的企业,特别是创业型企业和中小企业,在选军时没有分清主次,先选兵,后选将,从而导致无将之军犹如一盘散沙,只经轻轻一击,便溃不成军。

我曾辅导过一家成立仅一年的企业。这家企业成立之后,业绩一直不稳定,市场形势好的时候,业绩水涨船高;市场形势差的时候,业绩便直线下跌。这家企业的经营者希望业绩能稳步提高,于是邀请我到企业考察。在考察过程中,我发现这家企业的销售部竟然由企业经营者直接管理,没有部门经理。

对此,企业经营者向我解释道:"底下的这些销售员工都是我亲自从别的企业挖过来的,个个都是销冠。可惜的是销售部经理一直没有合适人选,而我自己是销售出身,于是就决定亲自管理销售部。"我回答道:"这就是问题所在,我考察了几天,发现你每天要处理的事务太多,根本无暇顾及销售部。虽然销售部员工个个都是销冠,但没人管他们,没人激励他们,他们就是一盘散沙。市场环境好的时候，他们做的业绩就多；市场环境差的时候，他们做的业绩就少。你必须马上招一名专业的销售部经理，不能再亲自管理了。"

这位企业经营者对自己每日的工作重新梳理一遍后，发现的确如此。他的事务太多，几乎三天才到销售部看一眼，只有月底才有时间督促销售部员工抓业绩。不久，他听从我的建议，招聘了一位销售部经理。这位经理到任后，制定了一系列的奖惩制度。自此，销售部员工有人管了，又有了奖惩机制牵引，很快便被重新激活，企业业绩也稳步提高。

大家看到了吗？这家企业只是换了一个"将"，便迅速摆脱了业绩不稳定的困境，这就是先选将的作用。"没有不好的士兵，只有不好的将军。"团队难带、市场难做，本质上是"将"出了问题。所以，企业经营者一定要重视"将"的选拔。

纵观商业发展史，我们会发现，但凡实现商业成功的企业经营者在选拔管理者上会花费大量的时间和精力。比如：乔布斯在经营苹果时，一年中大约有 1/4 的时间都用在招募人才上，而为了招到一流的设计师、工程师和管理者，苹果组建了专门用于选军的 A 级小组，这个小组一直是苹果最核心的团队之一；字节跳动创始人张一鸣 10 年内面试了近 2 000 人，只为找到最好的团队管理者；雷军在创立小米的第一年，每天要花 80% 的时间来选拔管理者；等等。

不花 4 个小时选"将"，就要花 400 个小时收拾烂摊子。企业经营者一定要重视"将"的选拔，愿意把时间、精力和资源投入选将。特别是对于中小企业来说，在逆境下，越不重视选将，就越不能打造出一流战斗团队来实现增长。而企业越无法增长，也就越无法顾及"将"的选拔，由此进入恶性循环，直至退出市场。

马致远在《汉宫秋》中写道："千军易得，一将难求。"企业经营者重视管理者的选拔，并不代表会选、能选对。我曾经在课堂上对诸多企业经营者做过一项关于管理者选拔的调查。结果显示，几乎90%的企业经营者都知道"将"对于企业的重要性，却不知道如何才能选对"将"。尽管很多企业经营者认为自己明辨是非、见多识广，但在实际的管理者选拔过程中，还是会受到诸多因素的干扰。

企业经营者在选将的过程中，最容易犯的错误就是标准过多。在很多人才清单和无数管理类书籍中，都罗列了优秀管理者的各种特质和标准。这也导致企业经营者在选拔管理者时容易陷入标准过多的误区。而这导致：一则不知道用哪个人才是合适的；二则几乎没有一个人能够同时满足多项人才标准。

为了帮助企业经营者选对"将"，我遵循大道至简的原则，对企业选拔管理者的标准进行总结，归纳出"一心三力模型"，如图4-2所示。

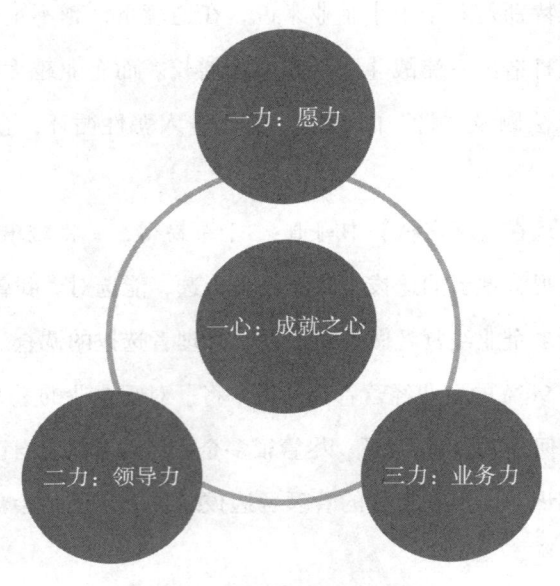

图 4-2 "一心三力模型"

需要特别说明的是，大多数企业经营者在选拔管理者时，都知道管理者的标准是德才兼备。但这个标准只正确了一半，因为几乎所有的企业都在使用这个标准——有德有才，重用；无德无才，弃用。而在实际运用的过程中，我发现遵循这一标准是很难选拔到适合企业的管理者的。

为什么会这样呢？有两个原因：第一个原因是企业内部资源有限；第二个原因是企业外部环境发生变化。当企业内部资源有限时，对于大多数企业来说，尤其是中小企业，能够提供的空间和资源有限，企业给不起钱，也承诺不了前途。因此，德才兼备的管理者通常更青睐规模大、资源多的头部企业。当企业外部环境发生变化时,"90后""00后"人才进入市场,他们的选择机会更多、要求更高。总的来说,企业要选到一个德才兼备又与企业岗位"绝配"的人太难了,这个难度犹如一个人要找到一个与自己三观完全契合、又能弥补自己的短板,还适合自己的伴侣一样。

在这样的情况下,针对企业选拔管理者的实际问题,一心三力模型倡导企业(特别是中小企业)要用"德才兼备,岗位适配"的原则来选拔管理者。

### "一心":成就之心

选拔管理者的"一心三力模型"中的"一心"是指成就之心。

成就之心就是利他之心。管理的本质,就是激发和释放每一个人的善意,尊重他人,尊重自己。激发和释放人本身固有的潜能,可以为他人谋福祉,成就他人,也成就自己。一个优秀的管理者要有三个"成就":一是成就员工;二是成就用户;三是成就社会。

为什么企业选拔管理者的标准是其要具备成就之心呢?

商业的本质是成就他人:对外成就用户,对内成就员工。管理者的第一职责是成就员工,让员工得到成长。管理者从把员工招进企业的那一刻开始,就要帮助员工持续成长,把员工从新兵打造成精兵,再从精兵打造成强将。

管理者大多分为三个层级:低级的管理者以控制员工为手段和目的,这样的管理者带领的团队能力低下,是不能打胜仗的;中级的管理者在自身利益优先的前提下,给予员工成长和发展的空间，这样的管理者带领的团队成长缓慢，偶尔会打胜仗，但遇上更大的挑战时，就会败下阵来；高级的管理者会成就员工，他们往往胸怀大局，无私无我，这样的管理者带领的团队成长很快，能独当一面，也能青出于蓝而胜于蓝，在面临巨大的挑战时，能打胜仗。

关于管理者为什么要成就用户，在第二章有具体的案例分享，这里我只说一个很简单的道理：只有用户的成功，才有企业的成功。任正非曾经说过一句话："谁来养活我们？只有客户。不为客户服务，我们就会饿死。"

企业的价值在于造福社会、报效国家。只有在利他中利己，才能找到生命最伟大的意义和价值，才能塑造崇高的使命感和钢铁般的意志，并在面对困难时敢于迎难而上。管理者要有成就社会之心，才能带领团队制定正确而远大的目标，找到比赚取利润更崇高的使命。唯有如此，才不会被利益、金钱驱使，做出伤害企业的事情。

总结一下，企业经营者选拔的管理者只有拥有成就之心，懂得成就员工、成就用户、成就社会，才能带领团队真正踏上迈向第一的成功之路，实现企业健康发展的正向循环，让企业永葆战斗力和竞争力。

成就之心是一个人的本性，是很难通过后天培养出来的。所以，企业经营者不要试图选出一个没有成就之心的管理者进入企业，再妄想通过培养让他拥有成就之心。那么，企业经营者如何判断一个人是否具有成就之心呢？

在实操的过程中，我发现一个问题：成就之心表现为潜在的思想和行为，往往很难被察觉和识别。再加上候选人大多具有一定的社会阅历和工作经验，有人在面试时会通过各种表现形式伪装成有成就之心的样子。这时企业经营者需要拥有准确识人、断人的技巧，才能准确判断出一个人是否有成就之心。亿康先达合伙人费洛迪在《才经》一书中提到："最好的面试官预测的有效性是最差的面试官的10倍。"作为选拔管理者的主要负责人，企业经营者应当成为优秀的面试官。

企业经营者在选拔管理者时，可以通过"360度评价法"来判断一个人是否拥有成就之心。

测试成就之心其实就是考验人性，因为人只有在功、责、利面前才会暴露出本性。一个拥有成就之心的企业管理者，在功、责、利面前表现出来的是推功、揽责、舍利。与之相反的是，一个没有成就之心的企业管理者，在功、责、利面前表现出来的是邀功、推责、抢利。为了判断候选人在功、责、利面前的态度，某上市公司每年在选拔管理者时都会使用"360度评价法"，通过员工满意度、上级满意度、同事满意度和用户满意度等，来了解下级、上级、平级和用户对于候选人的全方位的评价。

如果一个人长期自私自利、以自我为中心，那么他的下属、同事、上级和用户对他的评价自然不好；如果一个人愿意长期付出、愿意担当，那么他的下属、同事、上级和用户对他的评价自然是好的。群众的眼睛是雪亮的，一个人是否有成就之心，企业可以从大众的评价中看到。

## "三力"：愿力、领导力、业务力

选拔管理者的"一心三力模型"中的"三力"是指愿力、领导力和业务力。

**愿力等于强烈的意愿度加热爱**

愿力有两层含义。

第一层是强烈的意愿度。俗话说，不想当将军的士兵不是好士兵。企业经营者选拔的人要在内心里就有成为管理者的强烈意愿，想做管理者、想成为优秀的管理者。我们经常看到有的企业经营者在选拔管理者时，会把一些专业能力很强，但没有愿力的人强推上管理岗位。试想一下，一个不想当将军的人，如何能带出一支敢于打胜仗的团队？

第二层是热爱。管理者只有热爱管理岗位，才会无私付出，才会愿意坚持学习，不断完善自己。中国上市公司协会会长宋志平说过："选人只选一种人，什么人？痴迷者。"他所说的痴迷者，就是热爱事业、热爱岗位的人。真正在某方面具有优势或特长的人，一定是该领域的痴迷者和深耕者。

企业经营者在选拔管理者时，要考察一个人的愿力，除了要看他的意愿度，还要看他是否热爱管理岗位，是否热爱所处的行业。比如，我每次在选拔管理者时，会通过反复问候选人以下两个问题来考察对方是否具备愿力。

- 问题一：你想成为管理者吗？有多想？

- 问题二：你热爱管理岗位吗？你要怎么体现你的热爱？

**领导力：打造团队的能力加以身作则加强烈的使命感**

第二种能力是领导力。既然企业选拔的是管理者，那么领导力一定是其必备的能力之一。

什么是领导力？每家企业对领导力的定义不一样。在这里，我分享的是管理者打造一流战斗团队所具备的领导力，至少要包括以下三点。

第一点是打造团队的能力。一个团队的成功关键在于，管理者是否能够培养、激励团队成员的战斗力，带领团队攻下一座座山头。

第二点是以身作则。管理者是团队的第一责任人，要遵守并践行企业价值观，为员工树立榜样，号召员工"向我看齐"。正如《论语》所言："其身正，不令而行；其身不正，虽令不从。"优秀的管理者不只是依靠组织赋予他的正式职权，还靠个人严于律己、以身作则的人格魅力来影响团队。

第三点是具有强烈的使命感。使命感是指管理者对自己所在企业有强烈的认同感和责任感。使命感会让管理者把企业的大目标分解为具体的、可衡量的、现实可行的阶段性目标，带领团队为实现目标而共同奋斗，最终取得胜利。

企业经营者如何判断候选人的领导力呢？

我选拔管理者的具体方法是对人才进行实操考核和测试，即给候选人布置一个与管理岗位有关的工作任务，让他制订方案，并告诉我完成任务的具体动作、方法和时间。比如，我要招聘人力资源部管理者。通过前面的面试，我已经认可了对方的学历和资历，此时我需要考察对方的领导力。这时，我会给候选人布置一个任务——为企业招聘 5 名业务经理。接到任务后，候选人要制订具体的招聘方案，比如如何带领人力资源团队高效招聘到 5 名业务经理等。从这个招聘计划，我就能大致判断对方的领导力如何。

**业务力：专业能力**

业务力是指管理者的专业能力，比如：人力资源部门的管理者应该具备人力资源规划、招聘与培养、绩效管理等业务能力；财务部门的管理者应该具备财务管理、财务活动、财务表现等业务能力；销售部门的管理者应该具备销售管理、客户成交等业务能力。图 4-3 为管理者业务能力的具体内容。

| 建立目标 | 策划与计划 | 用人与目标分解 | 督导或群策群力解决新问题 | 完成目标 | 评价激励 |
|---|---|---|---|---|---|
| 确定要攻哪座山头 | 想清楚仗到底怎么打 | 排兵布阵 | 督战，实时研究战况，指挥调整 | 打胜仗 | 论功行赏 |

图 4-3　管理者业务能力的具体内容

企业经营者判断一个人是否具有业务能力，主要通过以下两点。

- 第一点：看他是否能带领团队拿到结果。
- 第二点：看他是否采取培养员工的动作。

一个管理者如果持续拿不到结果，一直完不成目标，就一定是没有业务能力的。管理者也要培养人，因为管理者是通过团队拿结果的。如果管理者是团队中最厉害的业务员，那么管理者就没有发挥管理作用。所以业务结果和人才培养，对管理者来说都是非常重要的考核指标。

企业经营者在判断一个人的"一心三力"时，可以运用诸多人力资源工具和识人、断人的经验，这里我不再赘述。

## 年度选将和日常选将

我根据"一心三力模型"的选拔标准，将企业内部的管理者选拔分为年度选将与日常选将。

### 年度选将

年度选将是指企业每年要定期选拔管理者。如何进行年度选将呢？

年度选将有三大原则。

一是确定时间。一般来说，开展年度选将的时间应在年初或者年末，企业可以根据自己的实际情况，选择合适的时间。我通常会将年度选将的时间安排在每年的1月份，并让其由一项任务变为一项传统。

二是职务清零。每年到了年度选将的时候，企业里凡是总监级别以上的管理者，职务都会被清零。何为职务清零？职务清零就是清除管理者上一年的职务，重新竞聘上岗。职务清零的核心是竞争，管理者的任职与去年表现的好坏没有过多的关系，完全取决于竞争结果。也就是说，上一年表现好的管理者也有可能被今年杀出来的"黑马"所取代。

三是重新竞选上岗。在企业内部进行职务清零后，原管理者必须重新竞选上岗，这对企业而言是一次大洗牌，可以让更有能力和冲劲的人通过竞选成为管理者，让能力有所不足的管理者得到磨炼，以提升自身的能力，从而形成一种正向竞争的氛围，推动整个管理团队的成长。在重新竞选上岗的时候，管理者要进行述职，即演讲，然后全体员工通过投票的方式选出自己心目中合格的新任管理者。

具体来说，年度选将有五个步骤，如图4-4所示。企业可以借鉴下面的流程，根据企业的实际情况，进行管理者选拔。

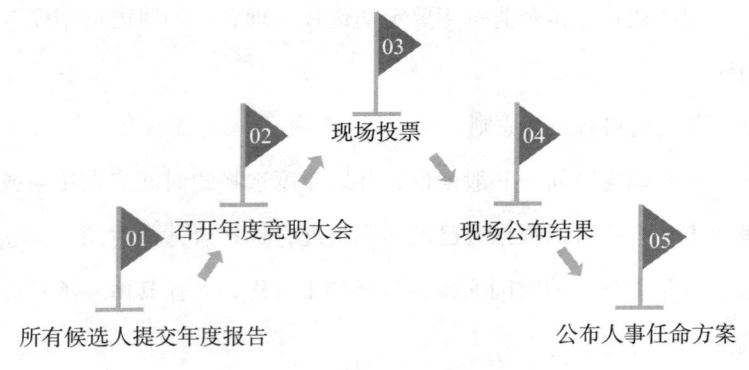

图 4-4　年度选将的五个步骤

01 所有候选人提交年度报告
02 召开年度竞职大会
03 现场投票
04 现场公布结果
05 公布人事任命方案

**日常选将**

日常选将分为两种情况：一种是以季度为单位，在发现管理者不足的时候进行管理者选拔；另一种是在某一位管理者能力不足需要更换的时候，进行管理者选拔。企业的日常选将有以下四个步骤。

第一步是确定两名以上的候选人。

第二步是候选人做提案报告。企业确定管理者候选人后，要让候选人做提案报告。提案报告是企业判断候选人是否能够承担更大责任的文案资料。在企业中，每个参与日常选将的人都必须做提案报告，有时还需要候选人在规定时间内，口述提案报告的主要内容。提案报告一般包括候选人近期取得的成果、对团队的贡献，以及针对团队发展提出的一些可行性建议等。通过提案报告，企业可以加深对候选人的了解，提升管理者的选拔质量。

第三步是人才委员会现场讨论。在候选人做完提案报告后，企业的员工要进行投票。投票结束后，由员工代表组成的人才委员会进行现场讨论。假如人才委员会由10个人组成，有8个人通过了一名候选人的提案报告，那么这名候选人就可以成功晋升为管理者。

第四步是发布人事任命书。企业日常选将的最后一个步骤是面向企业所有人发布人事任命书，并告知所有员工新增岗位有哪些，新增管理者有哪些人，又有哪些管理者被替换等。

以上便是开展日常选将的基本流程，企业在选拔管理者的过程中可以借鉴这种方法，挑选出真正适合企业的强将。

卡尔·冯·克劳塞维茨在《战争论》中这样形容将军，说他在黑暗中发出微光,带领团队走向胜利。企业经营者选拔出来的管理者要能带领团队攻下山头,打胜仗,这是打造一流战斗团队的核心。

## 强军:育出"好苗子"

企业打造一流战斗团队的第二部曲是强军。强军是指强化、培育人才。

通过选军,企业选出了"好种子",接下来要让这些"好种子"在企业里得到成长,培育出"好苗子"。为此,企业要想办法强化人才队伍建设,让企业的将军更强,士兵也更强。

在服务企业的15年里,我发现企业对于强军有两种表现。一种是企业强军意识集体缺失,企业经营者不重视强军,却要求团队做出成绩,否则就予以惩处。用孔子在《论语·尧曰》中的话来形容这种行为,就是"不教而杀谓之虐,不戒视成谓之暴"。这句话的意思是不经教化便加以杀戮叫作"虐",不予以告诫便要求成功叫作"暴"。

为什么会出现这种情况呢?因为有的企业坚持业绩为王的价值导向,使得企业上下只注重短期的业绩增长,而不考虑企业长期的可持续发展。

我曾服务过一家企业,这家企业的经营者是销售出身,所以企业上下都秉承着业绩至上的经营理念,几乎将所有的时间和精力都花费在业绩增长上,忽略了对人才的培养。当市场环境利好时，这家企业的业绩增长很快，但这种增长是短期的。2019年，市场环境发生了巨变，这时该企业出现了两个问题：一是企业经营者洞察到机会，却发现无人可用，只能眼睁睁地看着市场机会溜走；二是团队的能力已经跟不上时代的变化，团队在开发业务或交付产品时处处捅娄子，企业经营者每天都在收拾烂摊子，更无暇顾及员工的培养。该企业由此陷入恶性循环。

春不播种秋无粮。平庸的企业会先追求业务增长，等出现人才问题时再去解决。这种增长方式可能让企业在短期内顺风顺水，可一旦面临市场环境的挑战时，企业会因为没有人才支撑企业的可持续增长而迅速陷入发展困境。优秀的企业则恰恰相反。华为一开始就在做人才战略，等打造出一流战斗团队后，再去匹配具体的业务。这种企业刚开始时不显山不露水，但等到人才成长后，就会迎来爆炸式增长。

任正非说："我们要将人才作为战略性资源。"每个企业都重视人才，但能将人才上升至战略高度的企业不多。华为将人才视为战略性资源，从而打造出其他企业无法匹敌的人才优势。

从1990年起，华为就开始大量招聘人才，每年招聘的新人多达千名，号称"万人大招聘"。当时华为招聘的人才主要为研发人才和营销人才，而这些人才，尤其是研发人才非常稀缺，只有几所高校有专业对口的毕业生，而每年这些高校的毕业生满打满算也就只有几百人。为了抢占稀缺、优质的人才资源，华为每年都会投入大量人力、财力到对口高校去招聘，很多时候会一次性将整个班的毕业生几乎全招入华为。比如：2001年，重庆邮电大学电信专业一个班级有 40 多人，其中 39 个人都被华为招走了；东南大学无线电专业一个班级有 30 多人，其中 25 个人进入华为。

这种大规模的人才招聘，让华为很快和同行业其他企业拉开了较大差距。2004 年，华为的总营收达到 313 亿元，而同时期的中兴通讯总营收为 226.98 亿元，且这种差距在不断扩大。2014年，中兴通讯营收 814.7 亿元，不及同期华为营收 2 881.97 亿元的零头。营业收入差距的背后实际上是人才的差距。

吸纳人才还不够，华为还对人才进行充分培育。将人才招进来后，华为遵循两个原则进行人才培育：一是给人才充分的发展空间；二是人才增值要大于财务增值。

给人才充分的发展空间体现在华为投入大量资金培养每一位员工，使员工能够胜任岗位。新员工入职华为后，会进行三个月的集中培训，而培训都是带薪培训。把对员工进行培训的老师的费用、培训的场地费用等开支加起来，可以得出一个结论：平均每一位新员工的培训费高达三四万元。新员工正式上岗后，还要进行学习和适应，在原先岗位上发展一段时间后，会进行晋升或调岗，而这也需要继续培训。可以说，华为对员工的培育贯穿员工的整个职业生涯。

什么是人才增值要大于财务增值呢？这并不是说企业的销售额增长多少，就给员工增加多少收入，而是人力资本永远跑在市场前面，永远有高于市场平均水平的人力资本。这意味着华为要长期提升员工的职业素养、学习能力、创造力、生产力等，以保证人力增值大于财务增值。

强军的另一种表现是企业经营者意识到了强军的重要性，愿意把时间、精力和资源投入人才的培育，但企业却依然面临无人可用的局面，这又是为什么呢？

我结识了一家年产值约 20 亿元的农牧企业的董事长，他很重视强军，也投入了大量的时间和资源培育人才，但他还是向我表达了这样的困惑："全公司上下近 2 000 人，我每年要花 200 万元的培养费，对于每次员工培训，我即使再忙也会挤出时间参加，可企业为什么依然无人可用？"

我相信很多企业经营者或管理者都曾有过同样的困惑。重视强军、做了强军的诸多动作仍然会出现问题，根源在于企业没有找到强军的关键点或要点。企业要想通过强军打造出一流战斗团队，有两个关键动作，如图 4-5 所示。

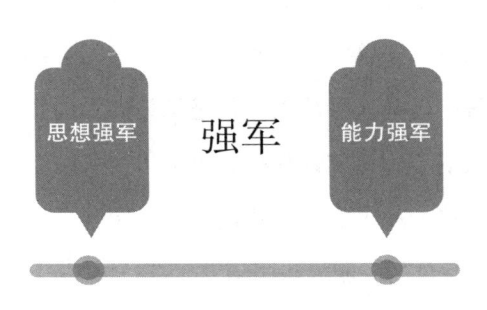

图 4-5 企业强军的两个关键动作

## 思想强军：抓思想建设

企业强军的第一个关键动作是抓团队的思想建设，又称作思想强军。

"只要思想不滑坡，方法总比困难多。"这句话强调的是人的思想决定态度，态度决定行为，行为决定结果。例如，在电视剧《亮剑》中，为什么李云龙带领的独立团能以少胜多，战胜敌人，有着强大的战斗力？一支部队的战斗力，与这支部队的武器装备、士兵的实战水平、军官的军事指挥素养和战斗精神等因素密切相关。李云龙所带领的部队能有如此强大的战斗力，与李云龙给部队注入的灵魂和精神是分不开的。李云龙非常重视士兵的战斗意志培养，他在部队提倡"明知不敌，也要亮剑"的精神。这样的思想建设让李云龙的独立团成为一支"虎狼之师"，战无不胜，攻无不克。

华为是一家很重视团队思想建设的企业。华为的文化口号非常多，比如"胜则举杯相庆，败则拼死相救""狭路相逢勇者胜""烧不死的鸟是凤凰""以客户为中心，以奋斗者为本""不让雷锋吃亏"等。这些口号从人才踏进华为的大门开始，就不断地浸润着华为人的心田，成为扎根于每个华为人内心深处的核心思想。华为依靠诸如此类的思想建设塑造了团队之魂，培育了一批又一批敢于打胜仗的一流战斗团队。

不管是军队还是企业，都要把团队的思想建设摆在首位。企业只有抓好团队的思想建设，才能确保团队思想统一，劲往一处使，在任何时候、任何条件下都做到召之即来，来之能战，战之必胜。

那么，企业要如何做好思想强军这一关键动作呢？企业可以从自驱和他驱两个维度着手，抓好团队的思想建设。

### 自驱：目标牵引，成为第一

既然企业要实现迈向第一的战略目标，要打造一流战斗团队，那么企业就要让团队找到成为第一的意义。自驱就是企业将成为第一的意义从想法层面植入团队行为层面。如何植入呢？

企业可以用目标牵引法。所谓目标牵引法，就是在团队中注入"我们要成为第一"的目标，并告诉团队要为了成为第一而战，为团队植入渴望成为第一的精神。

立志成为第一的作用不容小觑，当团队有了清晰、明确的目标后，才能找准方向，一鼓作气，激发自身潜能，向着成为第一的目标前行。例如，教练在备战奥运会期间训练运动员时，会不断地用夺金牌的目标激发团队，让运动员在目标层面不断突破自我，形成"冠军心"，最终成为冠军。郎平带领的团队在2019年又一次拿下女排世界杯冠军，她在接受采访时说道："我们的目标只有一个，那就是升国旗、奏国歌。"正是这种始终朝着冠军目标前进、追求赢、追求自我突破的精神，才让女排队员不断刷新纪录，不断赢得胜利。

目标牵引法的核心价值在于牵引，企业把成为第一的目标注入团队后，想要达到牵引的效果，就要让成为第一的目标具有可能性，否则非但达不到牵引的效果，反而会让团队认为企业是在说大话。目标意义、实现可能性与目标牵引所产生的作用，可以用一个公式来表示：

## 目标牵引作用 = 目标意义 × 实现可能性

通过上述公式，我们可以看出，实现目标的可能性越大，对团队产生的目标牵引作用就越大，反之亦然。要想让成为第一的目标实现可能性增大，企业可以通过拆解目标来解决这个问题。目标拆解得越清晰，执行计划越明确，成为第一的目标实现可能性就越大，产生的牵引效果就越好。

**他驱：打胜仗是最好的思想建设**

企业要打造一流战斗团队，仅仅依靠目标牵引法是不够的。这是因为团队中每个成员对于目标的渴望程度不同，由此产生的自驱力也有所不同。比如：拿第一对有的团队成员来说非常重要，他会为了拿第一而付出 100% 甚至 120% 的努力，他如果拿不到第一，就会茶不思、饭不想，产生巨大的心理压力，而这种强大的自驱力会驱动他继续努力，争取下一次拿到第一；有的团队成员也想拿第一，但如果没有拿到第一，不会对他产生特别大的影响，所以他只会付出 50% 或 80% 的努力。

因此，企业除了使用目标牵引法，还要创造人人争先、人人创优、人人夺冠的氛围，通过他驱，让团队里的每个人都想成为第一，都想打胜仗。具体如何做呢？

我认为最主要的方式是打胜仗，给员工创造打胜仗的机会和舞台，在打胜仗中促进员工成长和团队的思想建设。用一句话总结就是，打胜仗是最好的思想建设。

在和平年代，军队训练军人的重要方式是军事演习。在近乎实战的苛刻条件下进行实战演习，能让军人获得在普通训练中难以获得的经验、教训，迅速得到成长。商场如战场，企业面临的是一场场没有硝烟的战争。企业可以通过设计一场场竞赛，以战养兵、以战练将，通过打胜仗来磨砺团队的信念和意志，从而让团队形成自己的团魂。正如任正非曾在华为战略预备队学员和新员工座谈会上所说："要让打胜仗的思想成为一种信仰，没有退路就是胜利之路。"

## 能力强军：抓能力突破

要想通过强军育出"好苗子"，仅仅依靠思想强军，让团队有打胜仗的决心和勇气，敢于"亮剑"还不够。企业还要让团队有能力打胜仗，否则几场仗打下来，团队一直失败，就会失去信心，此时做再多思想强军的动作也是白费。所以，在思想强军后，企业还要进行能力强军，让团队不仅有打胜仗的目标和勇气，还要有打胜仗的能力。空有拿第一、打胜仗的决心，却没有与其相匹配的能力，犹如纸上谈兵。

什么是团队的能力？换句话说，一个团队要具备什么样的能力才能打胜仗？

真正的能力是守其位、担其责、成其事。通俗易懂地解释就是，一个人要能承担起岗位赋予他的责任，能在本职岗位上成就事业、成就自己。

员工能够守其位、担其责、成其事，并不是要面面俱到，而是要拥有岗位的核心能力，比如：总经理岗位的核心能力是要具备选将、搭班子的能力;人事岗位的核心能力是筛选人才的能力;业务岗位的核心能力是开发客户的能力。

说到这里,有的企业经营者可能会问:既然我们已经选择了在岗位上具有核心能力的"好种子",为什么还要进行能力强军呢?因为选人仅仅是一个开始,选到"好种子"后,企业还要提供成长的土壤,让人才的核心能力不断突破性增长。这就像习武者修炼武功一样,他在学到自己擅长的武术招式后,还要不断训练,才能突破升级。能力强军,其实就是为员工提供成长的土壤。

《荀子·劝学》有言:"蓬生麻中,不扶而直;白沙在涅,与之俱黑。"这句话的意思是,人的成长受到环境的影响,只有生长在好的环境里,一个人才能健康地成长。那么,企业如何才能为团队打造出好的成长环境,让员工的核心能力不断突破性增长呢?

我的答案是狠抓学习。学习是一个人的母能力,也是能力突破性增长的唯一路径。为什么我在这里强调的是"狠抓学习",而不是"抓学习"?因为在当今的市场竞争中,几乎所有企业都在抓学习,而要打造一流战斗团队,企业只做到抓学习,是不够强有力的。只有狠抓学习,才有突围的机会。企业可以从三个维度着手狠抓学习。

### 学什么:打仗打什么,员工就要学什么

企业的学习必须"真枪实弹",一切围绕业绩提升开展。打仗打什么,员工就要学什么。

例如,针对新员工,企业要思考学什么能让他尽快升级为金

牌员工，业绩从一年100万元增长到一年300万元。达成这个目标后，企业要思考学什么能让他从金牌员工升级为部门经理，从一个人做300万元的业绩到带领团队达成1 500万元的业绩。也就是说，员工学完课程后，绩效要有所提升；管理者学完课程后，思维格局、管理能级和管理效率要有所提升。

**如何学：设机制加建学校**

明确学什么后，企业还要明确如何学。学习本身是一件反人性的事情，那么企业如何才能把学习这件事落实呢？企业可以通过设机制、建学校两种方式促进员工学习。

一是设机制。企业要在机制设计上下功夫，设计出相应的学习制度和流程为学习保驾护航。如果企业没有建立学习制度，那么学习就会变成一种随机事件：员工想起来就做，想不起来就不做；抓的时候就做，不抓的时候就放下。最终企业再怎么倡导员工学习，都会变成形式主义，虎头蛇尾、不了了之。

例如，某公司设计了多样化的教学模式，形成了独特的"行动式混合学习模式"，有读书会、大师班、任务小组、师徒带教、游学参访、复盘学习、成长面谈、项目集训、研讨沙龙和在线慕课等多种学习方式，而每一种学习方式都配有标准化的制度和流程。以管理者为例，该企业会要求所有管理者必须遵守"干部五每"学习制度，做到"每日一在线，每周一本书，每月一堂课，每季一集训，每年一游学"，如图4-6所示。

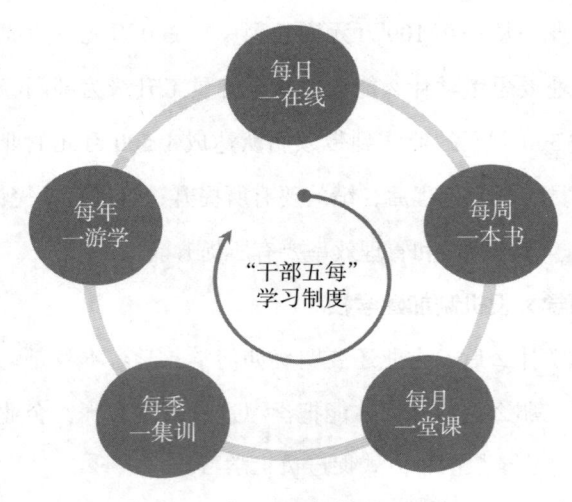

图 4-6 "干部五每"学习制度

该企业通过将学习模式和学习过程制度化、标准化,让企业员工都知道自己应该学什么、怎么学、学会之后会有什么样的成效、如果不学会产生什么样的后果等,规避了人性中的懒,驱动员工学习。

二是建学校。强国必先强军,强军必先强校。我国的军校和体校通过实战训练、实战学习等方式培养了一批高素质人才。企业也可以通过筹建自己的"军校"(有的企业也称之为"企业大学"),或者努力把企业打造成一所培育人才、教导人才的"军校",以达到能力强军的目的。

谈及"军校",很多企业经营者和管理者容易把"军校"和企业的培训中心混为一谈。正所谓源清则流洁,本盛则末荣,企业在筹建"军校"之前,首先要清楚什么是企业"军校"以及它与企业的培训中心有何区别。所谓企业"军校",是指企业通过独立的教学设施和专业师资队伍的搭建,开发出能够指导业务部门构建岗位知识图谱,从而形成企业级的知识管理中心、智慧中心与案例研究中心,并研发出企业的品牌课程与学习产品的机构。

例如,多年前,某企业就在构建自己的行动"军校",目的就是对企业全员进行能力强军,不断提升一线团队打胜仗的能力。图 4-7 为行动军校的学习模型。

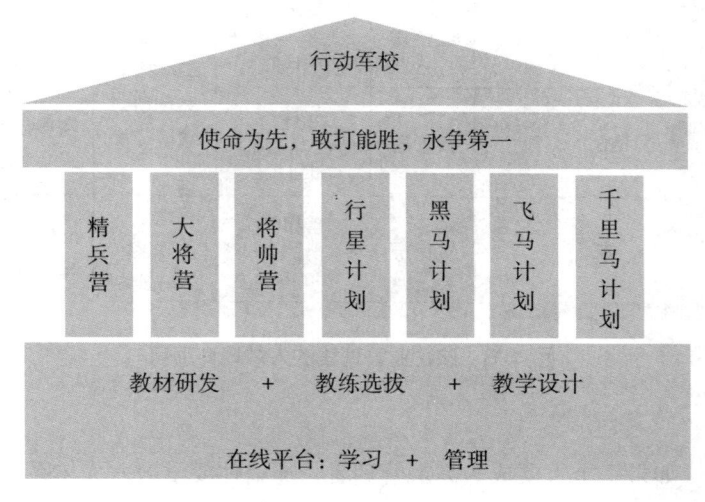

行动军校

使命为先,敢打能胜,永争第一

| 精兵营 | 大将营 | 将帅营 | 行星计划 | 黑马计划 | 飞马计划 | 千里马计划 |

教材研发 + 教练选拔 + 教学设计

在线平台:学习 + 管理

图 4-7　行动军校的学习模型

为了帮助读者更直观地理解能力强军的逻辑,我以该企业的管理人才培育为例,为大家拆解该企业如何通过"军校"进行能力强军的过程。

图 4-8 为该企业管理线的人才培育项目。该企业把人才分为

高、中、基三个层级：高层管理者位于企业管理金字塔的塔尖，培养对象是企业的经营层，培养项目是"将帅云"；中层管理者位于金字塔的中间，承上启下，培养对象是企业的管理层，培养项目是"大将云"；基层管理者位于金字塔的底层，培养对象是执行层，培养项目是"精兵云"。

| | 培养对象 | 培养项目 | 培养模式 | 教练 |
|---|---|---|---|---|
| 高 | 经营层 | 将帅云<br>定战略、强组织、保增长 | OMO<br>学练考赛<br>共创研讨<br>建章立制 | 名企、名师、名课<br>行业第一<br>专业第一 |
| 中 | 管理层 | 大将云<br>出人才、带团队、出业绩 | | 领导教练<br>实战专家 |
| 基 | 执行层 | 精兵云<br>强文化、强专业、增绩效 | 自建培养<br>体系<br>标杆复制 | 岗位标杆<br>经验萃取 |

图 4-8　该企业管理线的人才培育项目

如果一个人要成为高层管理者，那么他要学习六大体系的内容，从战略落地、人才决胜、企业文化、营销管理、销售管理到效率管理；如果一个人要成为营销部总监或部门经理，那么他要围绕三大能力（管理力、领导力和业绩力）进行十四大模块的学习；等等。所有这些学习内容，最终都是为了不断提升高、中、基三层管理者的核心岗位能力。

再以 TATA 木门为例，TATA 木门是中国家居行业的领军企业，专注于生产卧室门、厨房门、推拉门等各类家用门。从古至今，制作木门的企业或作坊非常多，几乎每个村都有一名擅长制作木门的木匠。在这种情况下，TATA 木门在 1 300 多个城市开了 2 500 多家店，在全球建立了 8 个生产基地，获得了无数用户的认可和信赖。那么，TATA 木门是如何在激烈的竞争中取得如此突出业绩的呢？

TATA 木门增长的秘诀源于人才的增长。TATA 木门有一个强大的"以学代管、训战结合、建立学习型组织"的能力强军体系，如图 4-9 所示。它通过这一套标准化、流程化的能力强军体系，打造出领军人才、管理人才、技术人才、技能人才、营销人才、后备人才等，提升了全员的岗位核心能力，为企业打造出一支打胜仗的一流战斗团队。

不管是 TATA 木门，还是上述某公司，能力强军的逻辑都是一样的：通过狠抓学习，来达到能力强军的目的。

总结一下，强军就是抓两个关键动作：一是思想强军，二是能力强军。今天企业最重要的任务就是打造一个战无不胜的组织：先从搭班子开始，排兵布阵，建立人才梯队，接下来企业经营者要躬身入局，从上到下做好人才培育和复制。唯有如此，企业才能真正实现人才辈出。而只有人才辈出，企业才会实现迈向第一的增长。

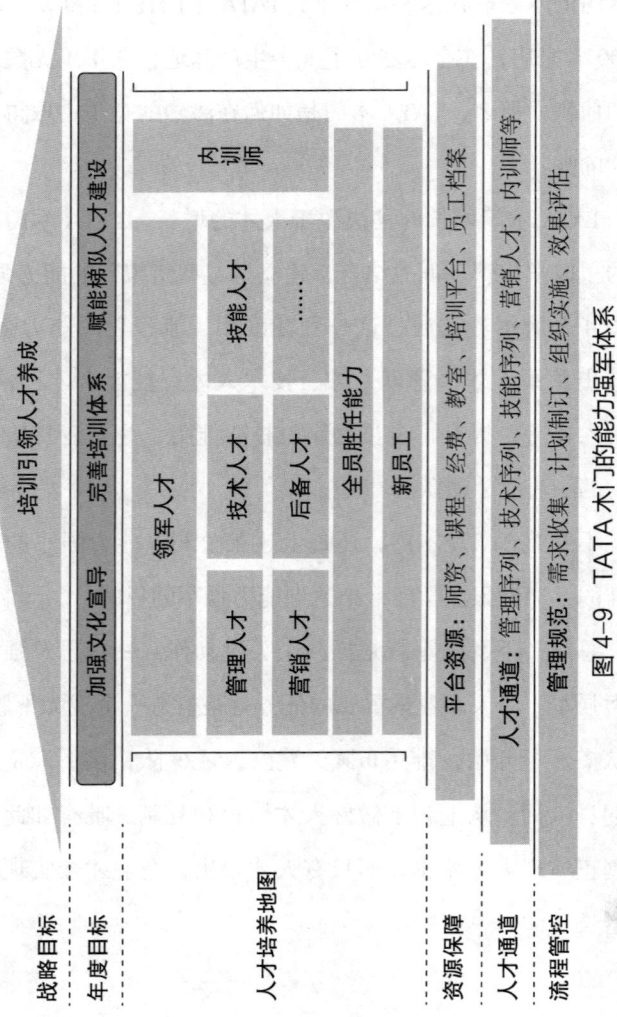

图 4-9 TATA木门的能力强军体系

## 赛军：营造"好场子"

企业打造一流战斗团队的第三部曲是"赛军"。

通过选军，企业把强将选进企业，选出了"好种子"，让团队有了打胜仗的基础；通过思想强军和能力强军，企业统一了迈向第一的思想，实现了人才的能力突破，育出了"好苗子"。此时，企业已经拥有了一流战斗团队的基石，接下来，企业还要通过赛军，让团队在企业创造的各种摸爬滚打的"好场子"里锻炼出打仗的坚毅品质，训练出打仗的技能，激发出团队的工作热情，点燃团队的战斗力。

说到赛军，很多企业经营者和管理者会认为团队成员之间的PK（挑战）就是赛军，而这是对赛军内涵最大的误解。PK不仅不是赛军，企业经营者和管理者还要杜绝团队成员之间的PK，因为PK对团队的伤害很大。我曾经看到一则新闻，其内容是长沙一家房地产企业为了激励员工完成业绩，让团队成员之间进行PK，完不成目标的员工要接受吃生苦瓜、剃光头等处罚。企业经营者或管理者在团队成员之间设立竞争目标本来无可厚非，但如此恶俗、低级的激励方式令人瞠目结舌，不仅对员工的人格尊严造成了伤害，即便员工是自愿的，也违背了社会公序良俗，是不合规的。更重要的是，这样的激励方式会扭曲团队的价值观，让整个团队乃至整个企业形成"至贱则无敌"的企业文化。试问，一家不会尊重员工的企业，又如何会善待用户、善待社会呢？

那么，究竟什么是赛军？

赛军是指企业通过举办各种正确、合适的竞赛活动，营造打仗的"好场子"，让团队与同行比，与竞争对手比，与同事比，与自己比。用一句最通俗的话来解释赛军的内涵就是，是骡子是马，拉出来遛遛。

事实上，在今天的商界，很多优秀的企业经营者都很推崇赛军。比如，华为有一个"赛马机制"，先让有意愿的马跑起来，然后让跑起来的马跑得快，最后让跑得快的马跑得远。这就是赛军的典型案例。

为什么企业都在赛军，赛军对企业到底意味着什么？

赛军能带给团队三种力量。

第一种力量是让团队形成"比、学、赶、超"的氛围。俗话说，佛争一炷香，人争一口气。赛军可以激发人争强好胜的本性，点燃人内心的斗志。为了在竞争中赢得胜利，不给团队拖后腿，每一个人都会全力以赴。当企业里的每个人都斗志昂扬，各个团队精神焕发时，整个企业必然会因为员工的积极向上而呈现出强大的战斗力。这样的企业何愁打不赢？

第二种力量是提高团队合作意识。在赛军的过程中，团队是一个整体，每一个人都在为团队的荣誉而战，都想让团队取得好的成绩。通过赛军，团队成员能够齐心协力地去完成一个共同的任务，为了一个共同的目标互相激励，携手共进，这会让团队成员凝心聚力，提升团队的整体合作意识，让团队具备打胜仗的能力。

第三种力量是实现优胜劣汰。赛军强调的是"赛"，既然有比赛、有竞争，就有胜负。所有人在统一的规则下，能者上，平者让，庸者下，赛军让跑得快的人脱颖而出，让跑得慢的人受到鞭策。

用一句话来总结赛军的意义，即好兵是打出来的，冠军是赛出来的。真正的人才不是培训出来的，而是比出来的、赛出来的、筛选出来的。赛军的核心是让弱者变强，让强者更强。

虽然赛军对企业打造一流战斗团队的意义重大，但如果企业做不好赛军，也会带来很大的反作用。

例如，A企业是华南地区的一家大型房地产开发企业，随着近几年国内房地产行业持续走低，该企业业绩开始呈现下滑的趋势。为了让企业实现可持续增长，该企业的经营者举行了一场赛军活动——在业务线进行"业绩大赛"，每半年评一次，最后一名会被淘汰或调岗。在这场大赛中，很多核心员工的职位受到了威胁与冲击，出现了人人自危的情况。结果不到一年的时间，A企业已经流失掉了一半多的核心员工，80%的意向员工也流失到了竞争对手的公司，反而留下了安于现状、业绩较差的员工。这样一来，该企业的核心岗位人才紧缺，极大地影响了该企业的市场竞争力。面对核心员工的不满与离职，企业经营者也感到十分焦虑，难道现在的企业已经不再适合赛军了吗？

在该案例中，员工之所以对企业的赛军活动抱有极大的抵触情绪，原因就在于企业在赛军上用错了方法——对员工采取了业绩不达标就淘汰的策略，使整个赛军过程变成了生死攸关的考验，这样的做法导致人心惶惶，自乱阵脚。所以，不是赛军不再适合现在的企业，而是企业用错了方法。

事实上，不只是A企业，我经常看到很多企业浪费了人力、物力和财力创造"赛场"，最后非但没有点燃团队的战斗力，反而让员工认为"企业不务正业"。要想让赛军行之有效，企业要抓住赛军的关键要素，我把它总结为"超级竞赛'五个一'工程"（见图4-10），这是赛军的方法论。"超级竞赛'五个一'工程"是有先后顺序且自成体系的。

创建一个赛道
设计一项赛事
策划一场启动会
发起一场全员战斗
举办一场总结表彰大会

图4-10 "超级竞赛'五个一'工程"

## 创建一个赛道

企业赛军的第一个工程是创建一个赛道。所谓赛道，就是赛场或者竞赛活动。企业在创建赛道时要有以下"两定"。

### 定团队

第一"定"是确定参赛团队。企业要为各条战线上的团队创建赛道，一条战线一个赛道，确保每条战线上的团队都能够参与到竞赛中,比如员工服务大赛、业绩大赛等。

有的企业认为只有那些一流的团队才需要赛道,事实恰恰相反。越是能力弱的团队,越需要赛道。比如,业务线的团队活力不够,企业可以设计一个专属业务线团队的赛道,让各个团队比拼业绩等。这种竞赛属于单项竞赛。当整体缺乏活力时,企业可以创建多个赛道,让业务线、服务线、研发线的团队都参与进来,此时团队间的竞赛不再局限于各条战线的专业能力,而会涉及团队的凝聚力、协作力等,这种竞赛属于综合竞赛。

**定目的**

第二"定"是确定参赛目的。企业在创建赛道时,要明确赛军的目的。我们如果要提升团队的专业能力,那么可以创建一个针对团队专业能力的赛道;我们如果要提升团队的服务能力,那么可以举办一场服务大赛;我们如果要提高员工的沟通能力,那么可以举办一场演讲大赛……不管是什么样的竞赛,企业都要先确定赛军的目的,不能为了竞赛而竞赛。

例如,某茶饮企业一年在全国开了400家门店,而这与该企业的"业绩赛军"密不可分。这家企业的每家直营店有10~12名员工,企业举办了一场"争做店长"的竞赛活动。活动规定:每名员工提出经营目标,由那个目标额最大且能达到目标的人担任店长。在这样的活动中,企业使个人目标与企业成长目标一致,营造了"员工为自己干,人人都争做店长"的组织氛围。该茶饮企业也实现了业绩增长。

需要特别说明的是,企业在确定赛军目的时,谨记赛军的目的不是淘汰多少人,而是保证在"赛"的过程中让人人都成为"金子",未来能独当一面,以一抵十,这才是赛军的本质。

## 设计一项赛事

企业赛军的第二个工程是设计一项赛事。与赛道相比,赛事更为具体。赛道只是企业要创建一个能够让参赛对象参加的活动,而赛事是参赛对象具体参加的活动。

企业在设计一项赛事时,要注意以下两个要素。

**赛事的六大内容**

企业设计的一项赛事要包括以下六大内容。

- 主题:比如"文化大赛""提案大赛""新客户开发大赛"等。
- 周期:是每季度举行一次,还是半年或一年举行一次。
- 时间:比赛的具体时间。
- 参赛方:主办方是谁,参赛方是谁。
- 参赛规则:达标规则、奖励规则、评判规则、处罚规则等。
- 地点:在哪里举办比赛。

因为不同的赛事,各要素不尽相同,因此企业要做到具体问题具体分析,具体赛事具体设计。比如,某企业的"春雷行动"与"高峰行动"的赛事设计是完全不同的。"春雷行动"的举办时间是每年的第一季度,其目的是激发团队战斗力,打响新年第一枪;"高峰行动"的举办时间是每年的第三季度,其目的是冲刺业绩。

**赛事的三大价值准则**

企业在设计赛事时,要坚持以下三大价值准则。

清零"起跑线"

企业在创建赛事时,要清零所有人的"起跑线"(包括参赛者的出身、背景、资源、经验、职位等信息),企业要为每一位参赛者提供一个参赛的资格、一个比赛的场地、一个胜利的机会。只有在清零每个参赛者的"起跑线"后开始比赛,才能真正"赛"出实力。

做到公平与公正

企业一旦进行赛军活动,就要把公平、公正作为赛事的准则。企业要做到机会公平、规则公平、人格公平,不能因为员工的职位、学历等因素进行暗箱操作,也不能因为权力、岗位的差异而区别对待。

设定规矩与规则

"无规矩不成方圆",竞赛没有规则,便无法进行下去。企业要在赛事中设定目标、方向、规则等。规模越大、越正式的竞赛,其规则就要越细致、越严谨。如果没有规则的约束,参赛者可能会为了胜利而不择手段。规则是保障竞赛公平的有力武器,失去规则的竞赛便失去了公正性。

## 策划一场启动会

企业赛军的第三个工程是策划一场启动会。所谓启动会,就是在赛事开始之前举办一场启动仪式。启动会最大的作用在于鼓舞团队士气，激发员工"赢"的本性。

开启动会在企业经营中看似一件微不足道的事，其作用却关乎全局。在行业竞争日益激烈的情况下，一家企业、一个经营者或一名管理者是否会开启动会，是否会开一场有效的启动会，决定了赛军是否能发挥最大效用。启动会是赛军的关键所在。

某企业一年有"四赛"，分别是"春雷行动""闪电行动""高峰行动""神剑行动"。每次在大赛前，企业都会举办一场声势浩大的启动会。历经10余年的沉淀，我据此总结出成功开一场启动会的方法论——启动会"三会合一"和启动会"四件宝"。

### 启动会"三会合一"

"三会合一"分别是动员会、发布会、誓师会。

#### 动员会

我们经常看到有的企业赛事办得冷冷清清，员工对赛事毫无兴趣。试问，这种"冷锅冷灶"的状态如何能支撑企业打胜仗？企业要在启动会上动员团队，调动团队的激情，点燃团队参赛的热情。

#### 发布会

所谓师出有名，企业要在启动会上公布赛事的目的、意义、规则等，让所有参赛方都明确参赛目的，知晓参赛规则。

#### 誓师会

誓师会也可称为造势会。各个参赛方要在会上表决心，比如拿下某一个目标等。

企业开好一场"三会合一"的启动会,关键在于在会上给团队讲目标,讲清楚"Why"和"How"。讲"Why"就是讲"为何而战"。我们可以通过以下三个问题,讲清楚"为何而战"。

- 问题一:为什么是这个目标?
- 问题二:为什么是我们团队?
- 问题三:为什么我们能成功?

讲"How"就是讲"如何战"。我们可以通过以下三个问题,讲清楚"如何战"。

- 问题一:如何完成目标?
- 问题二:之前我们是怎样成功的?
- 问题三:你有哪些好的方法和建议?

### 启动会"四件宝"

企业经营者和管理者要让启动会发挥鼓舞团队士气,激发员工"赢"的本性的作用,有以下"四件宝"可以为企业所用。

启内心

所谓启内心,就是启动员工的内心,要让团队成员发自内心地想要拿下目标。要想达到这一目的,企业经营者和管理者可以用听分享、看视频、量目标和争荣誉等方式来扣动员工的"心灵扳机"。针对"90后"员工和"00后"员工,企业经营者和管理者可以多找一些关于青春、梦想的内容去做启动。

助动力

助动力是指借助外力，激发员工打胜仗的动力。企业经营者和管理者赋予员工助动力的最好方式是，找到与其同级别的其他团队成员来现身说法，这是最常用的方式之一。

给方法

企业经营者和管理者要给团队成员提供一条能实现目标的"康庄大道"，确保在上战场的时候每个团队成员的"武器"是锃亮的，"子弹"是充足的。

推氛围

在开启动会时，企业经营者和管理者一定要把竞赛的氛围推到极致。企业可以用报目标、对赌、授旗等方式来活跃气氛。

## 发起一场全员战斗

企业赛军的第四个工程是发起一场全员战斗。所谓全员战斗，是指企业要让参赛方全员参与到赛事中去。

要做好全员战斗的发起，企业可以采用"三上三下三报"的策略。

"三上"

"三上"是指目标上新、策略上墙、荣誉上榜。

目标上新

目标上新是指企业经营者和管理者要根据团队的初始目标，进行三次目标上调或刷新，不断让员工优化目标，从而突破自我。

第一次目标上新是,企业经营者和管理者要将员工的初始目标上调至员工努力一下就能实现的目标。假设一名员工制定的初始目标是本月完成10万元的销售额,企业经营者和管理者则可以根据员工的日常表现及综合能力,将目标上调至本月完成12万~15万元的销售额。要注意的是,第一次目标上调的幅度不宜过大,这个目标要是员工再加一把劲就可以实现的目标。如果第一次的目标上调幅度太大,就会导致目标超出员工的能力范畴,让员工产生挫败感,从而降低员工打仗的积极性。

第二次目标上新是,企业经营者和管理者要将员工的目标上调至员工需要鼓足干劲才能达成的目标。员工达成这一目标后,其专业能力将会得到显著的提升。

第三次目标上新是,企业经营者和管理者要将员工的目标上调至员工需要拼尽全力才能达成的目标。员工达成这一目标后,就实现了突破自我。

企业经营者和管理者通过三次目标上新,可以很大程度地激发员工的潜能和战斗力,让员工为了目标不断突破自我,成就自我。

策略上墙

策略上墙是指企业要将达成目标的策略,比如作战地图、人员安排计划等,呈现在纸上,然后挂在墙上,目的是让竞赛视觉化、量化。这里所说的"上墙"只是打一个比方,并不是指一定要把策略挂在墙上,只要让参赛全员看见策略即可。

### 荣誉上榜

荣誉上榜是指企业要对竞赛中诞生的冠军、标杆和榜样，及时加以表彰。荣誉上榜可以让排名靠前的员工感受到压力，更加努力，以防后面的人追上来；让处于中间层的员工想办法让自己排名靠前；让处于末位的员工感到羞愧，开始快马加鞭地追赶。我经常使用的工具是"播报"，即我会对竞赛中各个团队及其各个成员每小时、每天业绩排名前三的情况进行实时播报。

## "三下"

"三下"是指领导下基层、专家下前线、后勤下厨房。

### 领导下基层

领导下基层是指企业经营者和管理者要亲临竞赛现场。领导下基层是在释放一个信号——企业很重视这场赛事，这对团队来说是一种正向激励。在所有赛事中，公司董事长即使再忙，也要参与到赛事的每一个环节中。

### 专家下前线

专家下前线是指企业各条战线上的佼佼者要到竞赛现场，给予专业指导。例如，新冠肺炎疫情暴发后，钟南山院士即刻奔赴疫情现场，给予专业指导。专家下前线的目的是提升团队"赢"的信心和能力。

### 后勤下厨房

后勤下厨房是指企业的行政部、人力资源部等后勤部门，要根据竞赛活动性质，为在前线竞赛的人提供后勤保障。比如，我到京东去参观时，恰巧碰上京东的"618活动大赛"，一走进京东，就看到每个部门的休闲处都摆满了水果、饮料等,最让人感到震撼的是在京东行政部的展板上写着四个大字:"站在一起",其寓意是行政部虽然不是前线人员,但与前线所有团队站在一起。

### "三报"

"三报"是指战报、海报、通报。

#### 战报

战报是指赛事中谁获得胜利的"捷报"。企业在赛军的过程中,要实时公布战报,这是拉动氛围的一种方式。例如,在新冠肺炎疫情防控时期,国家每天都在发"战报",让人们了解战"疫"的情况,并参与到抗"疫"战斗中。企业赛军也是如此,企业不能悄无声息地举办比赛,战报就是冲锋号,战报就是信号弹。在企业里,我的过程督导组最大的职责是准点发送战报,一旦延迟发送战报,过程督导组就要受到处罚。发送战报强调实时更新,要 24 小时不间断地发送战报,没有战报就没有比赛氛围。

#### 海报

海报是指赛事中企业要提炼出一些积极的、独特的赛事口号,以对团队起到正向激励的作用。比如:华为的"胜则举杯相庆,败则拼死相救";阿里巴巴的"聚是一团火,散是满天星辰";行动教育的"峰再高,行必至""信任不可复,使命不可挡""没有一线二线,只有前线",这些都是很好的荣军海报。

#### 通报

通报是指赛事中如果有人违规、违反企业价值观等,那么企业要在第一时间进行通报,及时遏制不良风气抬头,维护竞赛的公平和正义。

以上就是企业发起一场全员战斗的"三上三下三报"策略，企业可以根据自己的赛事，借鉴使用，以让全员投入战斗，从而走向胜利。

## 举办一场总结表彰大会

企业赛军的第五个工程是举办一场总结表彰大会。企业在竞赛结束之后，要第一时间举办总结表彰大会，让在竞赛中获得胜利的冠军享受荣誉，让竞赛精神得到发扬。

企业如何办好总结表彰大会呢？这可以重点参考本章"荣军"部分的方法论，在这里我主要分享举办一场总结表彰大会的"三大法则"，即有温度、有共情、有力量。

### 有温度

企业在举办赛后的总结表彰大会时，要让员工感受到温暖，感受到来自企业的关心。我曾经受邀参加一家企业赛后的总结表彰大会，当走进会议室时，我看到所有人都正襟危坐，手里拿着笔记本，听着台上的企业经营者的发言。这样一场"冷冰冰"的总结表彰大会让我一度怀疑这是一场"批判大会"，这样的总结表彰大会无疑是失败的，也不会产生任何效果。

要让总结表彰大会有温度，企业就要对所有员工给予鼓励，尊重和重视每一个获奖员工在会上的发言，对他们在会上提出的问题给予建议和反馈。阿里巴巴现任首席执行官张勇说过一句话，"管理"这个词并不仅仅是冷冰冰的科学，更是带有温度的哲学。

这句话运用在总结表彰大会上也是如此。

**有共情**

所谓有共情,就是让团队成员有情感上的沟通和互动。共情这一概念,是由著名心理学家卡尔·罗杰斯提出的,它指的是我们体验他人内心世界的能力,也叫同理心。一个人的共情能力分为认知共情和情感共情。大多数企业经营者和管理者在认知共情上能力较强,在情感共情上能力较弱。企业经营者和管理者要在总结表彰大会上提升自己的共情能力,产生与员工之间的认知共情和情感共情。

如何做呢？其实很简单。企业经营者和管理者要站在员工的角度思考问题,鼓励员工在总结表彰大会上传达自己想要表达的东西,比如鼓励员工说出自己的成长经历或梦想等。只有通过一场共情的总结表彰大会,企业经营者和管理者才能触摸到员工心底最柔软的地方,让团队产生凝聚力。

**有力量**

所谓有力量,就是企业经营者和管理者在召开总结表彰大会时要信心满满,踌躇满志,让员工看到企业未来发展的希望。具体如何做呢？

一是提出宏伟的愿景。一个远大的愿景能让员工对组织产生认同感,感觉自己是在从事一项伟大、正义和高尚的事业,对组织的前途充满信心,从而对自己在组织中的发展充满信心。二是善用鼓舞人心的话语和振奋人心的信息。企业要给员工勾勒出一幅美好的蓝图,激发员工的热情,进而提高员工的工作积极性。

三是分享团队的成功事例。在会上，企业经营者和管理者可以通过讲故事的方式和员工分享团队里的成功事例，这对员工是很大的激励。

以上就是企业赛军的"超级竞赛'五个一'工程"的具体方法论，下面我分享一家企业是如何通过"超级竞赛'五个一'工程"来打造一流战斗团队的。

天冰冷饮集团是一家专注于冰激凌市场 30 多年的老牌民营企业，其推出的冰激凌产品"小神童""老冰棒"是许多人的童年回忆。即使天冰冷饮已经成为中国冰激凌行业的标杆企业，但在面对新冠肺炎疫情时，仍受到了巨大的冲击。为完成既定的目标，应对危机，天冰冷饮的总裁张海波应用"超级竞赛'五个一'工程"，在 2020 年 3 月开展了一次"春雷冠军行动"，成功化解了企业危机，使企业在逆境中实现了增长。

"春雷冠军行动"是天冰冷饮为业务线创建的赛道，目的是通过推广新产品——"冠军小白"，实现企业的增长。"春雷冠军行动"的时间是从 2020 年 3 月 1 日到 2020 年 5 月 20 日，赛事的主要规则是比拼产品"冠军小白"的销售业绩。在正式开赛前，天冰冷饮在总部举行了启动会，总裁及企业高管通过升旗仪式、目标宣誓等方式，鼓舞人心、振奋士气。在竞赛的过程中，天冰冷饮不仅实时公布了各个团队及个人的战果，还公布了整条业务线的战果：2020 年 3 月，企业销售业绩增长 30%；4 月销售业绩增长 127%；5 月销售业绩突破 1 亿元。同时，在这两个多月的时间里，新产品的销量达到了 100 万件。"春雷冠军行动"结束后，天冰冷饮对此次竞赛获得的冠军及冠军团队进行了仪式隆重的表彰，并总结收获与成果。以下是天冰冷饮总结出的三个竞赛要点。

第一是"信"，即在大赛进行时要有坚定的信念，企业要相信能够取得成功。

第二是"行"，光说不练假把式，行胜于言。在有了方法和策略之后，企业要立即行动，开始战斗。

第三是"果"，即企业要将目光聚焦在结果上。

天冰冷饮面对困局，通过赛军，一赛破局，一赛增收。张海波表示，"超级竞赛'五个一'工程"的赛军方法是值得肯定的，在大赛的过程中，企业打造出一支能打胜仗的一流战斗团队，也促进了企业的可持续增长。企业如果能够将这套方法论完完整整地落地，将会良将如云，弓马殷实。

最后，我要特别提醒企业经营者和管理者的是，赛军的核心是让团队在"好场子"上得到历练，让弱者变强，强者更强，但切忌陷入竞赛的误区。有的企业在赛军的过程中走偏了路，为了胜利不择手段，甚至透支客户，透支市场，透支员工，而这是一种杀鸡取卵、得不偿失的做法。

## 荣军：奖励"好尖子"

企业打造一流战斗团队的第四部曲是荣军。荣军是指企业对一些表现突出、具有代表性的先进员工或团队给予奖励，即奖励"好尖子"。

企业荣军主要有以下三大意义。

一是立标杆、树典型。通过荣军，企业可以在组织或团队里树立标杆人物和宣传典型事迹，让组织或团队里优秀的做法和好人好事得到学习。

二是奖优罚劣。通过荣军，企业对表现优异者给予奖励，对表现欠佳者给予鼓励和惩罚，可以达到"奖优罚劣、奖勤罚懒、激励先进、鞭策后进"的目的。

三是造土壤。通过荣军，企业营造了一块"人人学先进、人人争先进、人人学榜样、人人做榜样"的良性土壤。在这块土壤里，每个人都有潜力成为打胜仗的"英雄"。

总结成一句话，那就是企业荣军的最大价值在于，用荣誉激发员工"比、学、赶、超"的内驱力，让员工从"对付干"变成"积极干"。就像卡洛斯·亨里克·卡塞米罗在2022年9月的欧冠小组赛第2轮客场挑战多特蒙德足球俱乐部时所说："我会享受每一次训练，因为对我而言穿上这件球衣是一种荣誉，它会激励我去赢得冠军。"

为什么荣军能产生如此强大的效果呢？

从人的动机来看，每个人都对成就感充满渴望，都希望自己的工作更有意义，都有自我肯定、争取荣誉的心理需求。如果说自我实现是人类最高层次的需要，那么荣军就是最好的精神激励方式之一。

例如，在一场变革中，IBM为了激发员工工作的积极性，成立了"100%俱乐部"。员工在完成自己的年度工作目标后，就会被批准为"100%俱乐部"成员,该员工及其家人就会被IBM邀请参加隆重的聚会。IBM的员工都将获得"100%俱乐部"的成员资格作为一种殊荣,为了成为该俱乐部的会员,所有的员工都加倍努力工作,完成自己的工作目标。结果,那一年IBM不仅超额完成了业绩目标,还实现了业绩大幅增长。

IBM通过这一荣军方式,有效地满足了员工的自我实现需求,达到了良好的精神激励效果。那么,企业要如何荣军,才能让员工从"对付干"变成"积极干"呢?

我经常听到企业经营者或管理者说:"现在企业里年轻人的荣誉感很淡,给他们发个奖状,他们可能看都不看,直接扔抽屉里。"事实真的如此吗?我们来看一个失败的荣军案例。

B企业是一家从事计算机软件开发的科技型企业,企业规模为50人左右。企业经过多年的打拼,在当地小有名气,并占有一定的市场份额。随着市场竞争的加剧,为了保持企业的可持续增长,提高员工的工作积极性,该企业经营者借鉴当时业界较为风行的"荣军法",对研发团队进行荣誉激励。具体是这样操作的:研发团队如果能在最短的时间内开发出一款软件,团队及个人就都能获得巨额奖金。

表面上看,研发团队开发出好的软件,既能够让企业快速增长,也能让员工获得大额奖金,似乎是一举两得的好事。但B企业的研发团队并不"买账",因为该团队的员工大多是"85后""90后",且毕业于985院校,钱对他们来说并不是最重要的。B企业的这一荣军方式对他们来说,不但达不到激励效果,反而让他们产生了"自己就是企业的赚钱工具"的负面想法，进而出现了消极怠工的状态。

毫无疑问，B企业荣军失败了。如今，随着"90后"乃至"00后"进入职场，他们的成长环境和教育背景使其内心对自由、自主、尊重、认同的需求超过了以往的职场人。"有钱难买我乐意"这句戏言，在某种程度上已成为职场年轻人的工作心态。对于这一群体的员工，企业已经不能简单地通过发奖金或奖牌来进行荣军了。

所以，荣誉并不是不管用，而关键在于怎么用，如何用才能用好。结合研究及实践，我总结出行之有效的"荣军三奖"，如图4-11所示。这是企业荣军的流程，也是关键点。企业只有做好了"荣军三奖"，才能让员工从"对付干"变成"积极干"，达到精神激励的效果。

图4-11 "荣军三奖"

## 设奖

企业荣军的第一奖是"设奖"。设奖是指企业要设计各种各样、大大小小的荣誉称号，让每一条战线、每一个层级的员工都有奖可拿。比如：世界上声誉最高的科学奖项是诺贝尔物理学奖、诺贝尔生理学或医学奖、诺贝尔化学奖；电影奖项是奥斯卡金像奖；数学奖项是菲尔兹奖；音乐奖项是格莱美奖；建筑奖项是普利兹克建筑奖等。

关于设奖，我相信大多数企业都设有奖项，比如"优秀员工奖""最佳服务奖"等。因为多，所以不被需要；因为拥有，所以不被珍惜。企业设计的这些奖项随着时间的推移，对员工的激励性也会逐渐下降。如同在食堂吃饭，我们第一次用餐会觉得菜品丰富，口味很好，但每周都是同样的菜品，重复品尝后，也就没有那么强的新鲜感了。企业的奖项也是同样的道理。工作出色，业绩好，前几次获得"优秀员工奖"，被企业表扬，被同事羡慕，其所带来的激励效果很大。但时间一长，再加上个别员工一直都处于高绩效状态，普通奖项所带来的激励效果就渐渐趋于平淡了，习惯成自然。

在今天这个时代，企业在设计奖项时，不能为了设奖而设奖，否则不但达不到荣军效果，反而浪费成本。企业在设奖时应该遵循"两全原则"，它们分别是全面、全新。

**设奖要全面**

企业里的各条战线都要设置奖项，比如业务线、研发线、生产线、人力资源线、财务线等。例如，为了鼓励员工积极进行人才推荐，企业专门设置"伯乐奖"：推荐一个普通员工且被企业录用，可获得1 000元奖励；推荐一个总监级别的员工且被企业录用，可获得3 000元奖励；推荐一个总经理级别的员工且被企业录用，可获得 5 000 元奖励。

除了各条战线，企业里的各个层级也要设置奖项，普通员工、基层管理者、中高层管理者，甚至新员工都要考虑到。例如，华为有涵盖企业各个层级的奖项——"蓝血十杰奖""金牌个人奖""金牌团队奖""家属奖""华为奋斗奖""优秀产品拓展团队奖""优秀交付拓展团队奖""明日之星奖""重大销售项目奖""金网络奖""秘书体系专项奖"等。如果要问华为到底有多少个奖项，或许很少有人能给出具体的数字。在华为一年一度的市场部晚会上，60% 的时间是用来授奖的。据粗略统计，在这场大会上颁出的各种奖项近 400 个，获奖的部门及个人近 900 个。

**设奖要全新**

有的企业设立的奖项千篇一律，各条战线、各个层级都设置"优秀员工奖""优秀管理者奖"。这样的奖项毫无新意，对员工也很难起到激励的效果。企业在设计奖项时要有创意，让奖项具有新意。

海尔的奖项就很有特色。在山东青岛，海尔员工的工资并不是最高的，但你如果与海尔员工接触过，就会发现他们脸上流露出的对企业的自豪感。在海尔的荣军体系里，有一个叫"命名工具"的奖项，即用工人的名字来命名他所发明的工具。这些新工具的发明者都是一线的普通工人，比如工人李明启发明的焊枪被命名为"明启焊枪"，杨晓玲发明的扳手被命名为"晓玲扳手"等。这一荣誉激励，大大激发了普通员工在本岗位创新的激情，后来不断有新的命名工具出现，员工也都以此为荣。

企业的发展要与时俱进，设奖同样如此。如果企业不知道如何在设奖上创新，可以使用"拿来主义"，静下心来，谦卑地向那些同行领先者学习。

## 评奖

企业荣军的第二奖是"评奖"。评奖是指企业先设定评选标准，再根据标准评比出获得该奖项的人。

根据评奖的定义，我们可以清晰地看到企业要做好评奖这一动作，就要确定评奖标准与获奖人物，我把它们归纳为"评奖两定"。

### 定标准

定标准就是，什么人达到什么样的标准才能获奖。比如，某企业"黑马奖"的获奖标准是入职3个月以上1年以内，且绩效考核A等，业绩排名前三。

关于确定评奖标准，几乎有奖项设计就有标准。但要让荣军产生激励效果，企业在确定评奖标准时要注意以下三个事项。

不搞平均主义

荣誉的设置是为了奖励先进，表扬贡献，鼓舞士气，是一种激励。既然是奖励先进，就不能搞平均主义。然而现实情况是，有些企业的评奖是"轮班制"——这次你领，下次我领，和和气气，轮流坐庄。这种员工轮流获得的奖项除了维持团队表面和谐，毫无意义。平均主义就是团队评奖的陷阱，企业采用平均主义评奖，等于主动将评奖"作废"。所以，企业经营者和管理者在设定评奖标准时，要有统一、规范的指标要求。

我曾辅导过一家企业，在设置评奖标准上，其较好地规避了轮流获奖的情况。这家企业每月的第一名可以获得"团队之星"称号，那这个第一名是怎么评出来的呢？企业从三个方面设置标准：一是员工本月销售额达到月初制定的目标；二是用户满意度高，本月没有用户投诉，一旦有用户投诉该员工，哪怕这位员工的业绩再高，也无法获奖；三是团队满意度高，团队成员会收到同事的月度表现打分，评分前三名才有获奖机会。第一个标准看业绩，第二个标准看服务，第三个标准看团队，三个标准缺一不可。员工如果不能全部达标，就无法获得该奖项。但这种评奖标准依然存在弊端，因为团队满意度是可以人为控制的，有的员工为了获奖，可能会"贿赂"其他员工，从而在团队满意度上得高分；也可能在团队内部搞平均主义，所有团队成员轮流担任满意度高的员工。怎样避免这些情况的出现呢？

这家企业还对"团队之星"奖项进行了动态限制，将其设为每季度评选一次。员工在本季度当选后，可以获得一颗红星标志，但如果员工连续五个季度获奖，那么他就可以获得五个红星标志。一旦五个季度中有一个季度没有当选，该员工之前积累的红星标志就会被清零，下个季度将重新开始计算。对于员工而言，这种评奖方式让他不得不重视"团队之星"的评选，如果其他员工都有红星标志，唯独自己没有，那么他会感到羞愧。同时，他也不会愿意将奖项拱手相让，因为一旦放弃一次评选，就要从头再来。这种方式可以有效规避平均主义，能够真正地在团队内部做到让员工凭实力获奖，形成合理的竞争氛围。

不奖励权力

荣誉是奖励先进的，不是奖励权力的，各级荣誉设置时要明确这一点。特别是基层荣誉，企业在确定评奖标准时要规定管理层不能参与员工层荣誉的评选。

不奖励资历

荣誉是奖励贡献的，不是奖励资历的，设置时不能论资排辈。有的企业在评选奖项时，会第一时间考虑资深员工，认为资深员工为企业辛苦付出多年，如果不优先奖励他们，则会令他们感到"寒心"。有的企业甚至专门为老员工更改奖项标准，在评选荣誉时将员工的服务年限纳入考核标准，使得老员工即使没有突出贡献，也会获得"安慰奖"。事实上，企业考虑老员工过往贡献而给予的"安慰奖"，不仅会令老员工洋洋自得，认为不再付出努力也可以获得奖励，还会让新员工丧失希望，认为企业资源已经被老员工垄断。

企业正确的评奖标准是不看资历，只凭绩效说话。这样做不仅不会"刺伤"老员工，还能令老员工被重新激活，毕竟没有哪一个老员工是愿意被新员工赶上的。当新员工因表现突出而获得奖励时，老员工一定会感到羞愧，并发奋努力。这样一来，新员工也感受到了企业的公平，所有成员齐头并进，这样的团队才能打胜仗。

**定人物**

定人物是指什么样的人才能获奖。荣军是为了奖励先进，表彰贡献，鼓舞士气，是一种激励。既然是激励，就不是每一个人都能获奖。那么，企业应该给哪些人评奖呢？

归纳起来，企业至少应该给以下三种人物评奖。

先锋人物

先锋人物是指主动承担责任并有所作为的员工。这样的员工大多奋斗在一线，能够为了胜利冲锋陷阵，不仅有功劳，更有苦劳，他们是企业一流战斗团队的先锋力量，是企业实现迈向第一增长的中坚力量，企业应该为这样的人物评奖。比如，华为专门为先锋人物设计了"天道酬勤奖"。根据华为的规定，在海外累计工作满10年，或者在艰苦地区工作满6年的员工，都有资格申请"天道酬勤奖"。

标杆人物

标杆人物是指某个岗位上的业绩第一名或表现特别突出的员工。给标杆人物评奖，是为了激励企业不断冒出"新秀"。如果一家企业里连续10年在某一战线上的标杆人物都是同一个人，那么只有两种可能：一种可能是这个人的能力是"天下无敌"的；另一种可能就是其他人才的自驱力没有得到充分挖掘。企业不要把标杆人物捧成"神"，要倡导"标杆学得会，标杆可复制，标杆可超越"的观念，否则其他员工就只会为标杆人物鼓掌，而不会去学习他、超越他。

英雄人物

英雄人物是指在关键时刻或特定时间段，为企业做出重大贡献的人。比如，华为始终将英雄人物纳入评奖人物的行列。有的员工致力于提升产品交付质量，华为为他们颁发"优秀交付团队奖"；有的员工在战略上做出突出贡献，华为为他们颁发"战略项目奖"。再比如，某企业有一个奖叫"金点子奖"，是奖励提出创新性建议且被采用，产生效益大于 10 000 元的英雄人物。企业在为他们评奖时做到不论出处，不论过往，只看现在。企业给他们评奖是为了让组织成为一个诞生"英雄"的组织，让团队成为一个诞生"英雄"的团队。唯有如此，才能打造一流战斗团队。所以企业要善于在组织或团队中发掘"英雄"。正如任正非一直呼吁那样："华为要'遍地英雄下夕烟，六亿神州尽舜尧'，而不是'几个英雄下夕烟，十三亿神州几舜尧'。"一定要记住的是，企业要"英雄倍出"，而不是"辈出"。

## 授奖

企业荣军的第三奖是"授奖"。授奖是指企业向取得成就的人颁发奖状、奖杯、奖金等。

时至今日，大多数企业都有"设奖"和"评奖"，而且做得都还不错，但却没有达到荣军的效果，问题就出在授奖上。我曾经看到一家企业在授奖时，其人力资源部给员工发了一个红包和一座奖杯，整个过程简单、敷衍，像走过场一样。授奖一定不是简单的发奖，授奖的关键动作在于"授"，企业要把授奖这一动作做出并做足"荣誉感"。那么，企业如何做好授奖呢？

企业要做好授奖这一动作，可以遵循"授奖三步走"，它们分别是"走形""走心""走新"。

### 走形

"走形"是指企业在授奖时要有仪式感。

荣誉授予要郑重其事,不能简单、草率行事。企业在授奖时要有隆重的仪式,仪式越隆重,产生的激励作用就越大。一本荣誉证书的成本可能只有 10 元钱,但它被用好了可能值 10 万元、100 万元。如何用好它,靠的就是仪式感。

仪式感是人们表达内心情感最直接的方式,它能唤起人们内心对自我的尊重。企业在给员工授奖时举行一些仪式,能够产生一种特殊的意义,帮助员工强化记忆并同时放大这个意义。例如,某著名化妆品企业每年都要为当年的标杆人物举行一次颁奖会。在颁奖会上,企业会专门租借一个体育场,还会花大价钱请演艺明星助阵,让标杆人物和明星同乘一辆车,缓缓进入会场。与此同时,全场的员工一起大喊标杆人物的名字。这种至高无上的荣誉感激励着其他员工向标杆人物学习,也使标杆人物感受到企业对自己的肯定和重视。

一次成功的授奖仪式,胜过千言万语。关于仪式感,我分享给大家一段话:"人生于世,就像在一条漫长的黑暗河流里漂泊。而所谓的仪式感,大概就是人类于这条河流上建造的灯光闪烁的小灯塔。靠这些灯塔,我们才能确定我们的存在。"

### 走心

"走心"是指企业在授奖时要打动人心,让人印象深刻。仪式感与表面功夫的区别在于,前者包含心意,而后者只是为了粉饰门面。企业要让授奖不流于表面形式,需要做到"走心",让员工感受到其中的心意。"走心"表现在授奖的各个环节，以奖牌为例，有的企业授给员工的奖牌是从网上随意购买的，款式和质量非常差，试问这样的奖牌如何让员工感受到荣誉感？华为的"明日之星"奖章是委托巴黎造币厂定制的，很多奖章都是纯金制造的。

说到这里，有的企业经营者或管理者可能会说，华为是大企业，"有钱任性"。我想表达的意思是对奖品或奖牌要花心思，而不是说它们要多贵重。比如，我的公司没有纯金的奖杯或奖牌，但每一个奖杯或奖牌都是经过公司董事长和高层管理者层层挑选出来的。以礼待人者，人以礼待之。企业在人才上多用心思，人才也必将为企业带来回报。

### 走新

"走新"是指企业在授奖时要持续创新，要超出员工的期望。

很多企业在授奖时永远搞"老三样"，即吃饭、颁奖、讲话。这样的授奖做多了，员工对授奖便没有任何期待，授奖就让员工感受不到荣誉感。比如，有的企业在授奖时会邀请获奖员工的父母一起参与，有的企业在授奖时创始人会亲自给获奖员工写一封表扬信等。

授奖如何"走新"？企业在授奖时，要站在获奖者的角度深度思考以下两个问题。

- 问题一：我期待上台领奖吗？
- 问题二：我获得这个荣誉之后，会受到其他人的羡慕和赞扬吗？

如果以上两个问题的答案都是否定,就说明授奖没有新意,没有超出员工的期望。那么,什么是有新意的颁奖呢?颁奖可以不设定在年会上进行,可以选择在其他大型会议上进行;颁发的奖品不一定是奖杯、奖牌,还可以是一次公费旅行、一张演唱会门票等。这些都属于创新。比如,我的公司的半年度和年度颁奖大典都会选择在不同的地方,有时在青海,有时在延安,有时在澳门,而且会根据不同地方设计不同的主题。

以上是关于企业如何做好"荣军三奖",让企业的荣誉激励团队持续打胜仗的方法。下面,我以企业业务线的 5 级冠军体系为例,来说明如何运用"荣军三奖"(见图 4-12)。

| 级别 | 名称 |
| --- | --- |
| 05 | 吉尼斯总冠 |
| 04 | 年度总冠 |
| 03 | 年度王冠 |
| 02 | 集团月冠 |
| 01 | 分校冠军 |

图 4-12 5 级冠军体系

在 5 级冠军体系中,荣誉是分层设计的,即按照时间周期和级别,由低到高,分成 5 级。之所以分成 5 个层级,是为了激励员工一步一步往上爬,直到拿到最高荣誉。在评奖上,5 级冠军体系有具体的评奖标准。在授奖上,它设计了"12+2 荣誉盛典"。"12"是指每月一次月度冠军颁奖盛典,12 个月就是 12 次;"2"是指每年 7 月份举办的半年度颁奖盛典(称为"英雄盛典"),以及每年 1 月份举办的年度颁奖盛典(称为"启航会")。接下来,以"月冠"授奖为例,我来着重说明该体系是如何给足员工荣誉感的。

企业对分校冠军有一个"6 冠加冕"荣誉体系,它们分别是"冠军宴""冠军礼""冠军购""冠军游""冠军榜""冠军报"。

"冠军宴"是指企业会邀请月度冠军的家人到公司所在城市来,安排其家人住五星级酒店,并由公司董事长陪同月度冠军的家人一起吃饭。"冠军礼"是指企业会邀请月度冠军的家人参加月度冠军的颁奖典礼。在"冠军礼"上,月度冠军会上台发言,分享自己的成长经历和辉煌业绩,公司董事长会亲自给月度冠军授奖。"冠军购"是指企业会给予月度冠军一个"10 000 元限时购物"奖励,即让月度冠军在一个小时内花完 10 000 元。"冠军游"是指企业会奖励月度冠军及其家属"公司所在城市豪华 3 日游"。在"冠军游"期间,企业任何人不能以任何事打扰月度冠军。"冠军榜"是指企业会将月度冠军的照片挂在集团荣耀墙上,让企业全体员工共同见证月度冠军的荣誉。"冠军报"是指企业会在官方网站、公众号上报道月度冠军的辉煌故事。

对于企业而言，每一个员工都如同一颗种子，种子需要充足的营养才能长成参天大树。而荣誉便是企业在土壤中注入的一种营养液，能够让种子茁壮成长。我希望更多的企业能够构建自己的荣军体系，打造一支能打胜仗的一流战斗团队。

## 本章作业

| 作　业 | 完成情况<br>（完成打√） |
|---|---|
| 选军：企业经营者根据"一心三力模型"制定出企业选拔管理者的标准，并在企业里进行年度选将和日常选将。 | ☐ |
| 强军：企业经营者在企业里进行思想强军和能力强军，并把成果写下来。 | ☐ |
| 赛军：企业经营者在企业里开展"超级竞赛'五个一'工程"，并把成果写下来。 | ☐ |
| 荣军：企业经营者在企业里进行"荣军三奖"，并把成果写下来。 | ☐ |